Aviso legal

Saage Media GmbH
c/o SpinLab – The HHL Accelerator
Spinnereistraße 7
04179 Leipzig, Germany
E-Mail: contact@SaageMedia.com
Web: www.SaageMedia.com
Commercial Register: Local Court Leipzig, HRB 42755 (Handelsregister: Amtsgericht Leipzig, HRB 42755)
Managing Director: Rico Saage (Geschäftsführer)
VAT ID Number: DE369527893 (USt-IdNr.)

Editorial: Saage Media GmbH
Publicación: 02.2025
Diseño de portada: Saage Media GmbH
ISBN Tapa blanda (es): 978-3-384-53508-5
ISBN Ebook (es): 978-3-384-53509-2

Legal / Avisos

Los enlaces externos y las referencias a fuentes enumerados en este libro fueron verificados al momento de la publicación. El autor no tiene influencia sobre los diseños y contenidos actuales y futuros de las páginas vinculadas. El proveedor del sitio web vinculado es el único responsable de los contenidos ilegales, incorrectos o incompletos, así como de los daños que surjan del uso o no uso de la información, no quien hace referencia a la publicación respectiva a través de enlaces. Todas las fuentes externas utilizadas se enumeran en la bibliografía. A pesar del cuidadoso control del contenido, no asumimos ninguna responsabilidad por el contenido de fuentes externas. Los operadores de las fuentes citadas son los únicos responsables de su contenido. Las imágenes y fuentes de terceros están marcadas como tales. La reproducción, procesamiento, distribución y cualquier tipo de explotación fuera de los límites de los derechos de autor requieren el consentimiento por escrito del autor o creador respectivo.

Este libro ha sido traducido del alemán. No se pueden descartar completamente las desviaciones del original o los errores de traducción. Todas las fuentes citadas en el libro están disponibles en inglés. No asumimos ninguna responsabilidad por inexactitudes o malentendidos de contenido que puedan surgir por la traducción.

Los datos de los diagramas que no están marcados explícitamente con una fuente no se basan en estudios, sino que son suposiciones no vinculantes para una mejor visualización.

Este libro fue creado utilizando Inteligencia Artificial (IA) y otras herramientas. Entre otras cosas, se utilizaron herramientas para la investigación, la escritura/edición y la generación de ilustraciones decorativas. A pesar del control, no se pueden descartar completamente los errores. Nos gustaría enfatizar que el uso de la IA sirve como herramienta de apoyo para proporcionar a nuestros lectores una experiencia de lectura de alta calidad e inspiradora.

Criptomonedas y Bitcoin: La guía completa para el trading y la minería de criptomonedas

Bendis Saage

Criptomonedas y Bitcoin: Guía Completa de Comercio y Minería de Criptomonedas

Todo sobre blockchain, Ethereum y cripto: desde los fundamentos hasta estrategias avanzadas, fácilmente explicado para convertirte en millonario

33 Fuentes
41 Diagramas
23 Imágenes
7 Ilustraciones

Queridos lectores,

les agradecemos de corazón que hayan elegido este libro. Con su elección, no solo nos han brindado su confianza, sino también parte de su valioso tiempo. Lo apreciamos mucho.

Criptomonedas y Bitcoin: La guía completa para el trading y la minería de criptomonedas

Esta guía le proporciona información comprensible y práctica sobre un tema complejo. Gracias a herramientas digitales desarrolladas internamente que también utilizan redes neuronales, pudimos realizar investigaciones exhaustivas. El contenido se ha estructurado de manera óptima y desarrollado hasta la versión final para proporcionarle una visión general bien fundamentada y de fácil acceso. El resultado: obtiene una visión integral y se beneficia de explicaciones claras y ejemplos ilustrativos. El diseño visual también se ha optimizado mediante este método avanzado para que pueda captar y utilizar la información rápidamente.

Nos esforzamos por la máxima precisión, pero agradecemos cualquier indicación de posibles errores. Visite nuestro sitio web para encontrar las últimas correcciones y adiciones a este libro. Estas también se incorporarán en futuras ediciones.

¡Esperamos que disfrute leyendo y descubriendo cosas nuevas! Si tiene sugerencias, críticas o preguntas, esperamos sus comentarios. Solo mediante el intercambio activo con ustedes, los lectores, las futuras ediciones y obras podrán ser aún mejores. ¡Manténgase curioso!

Bendis Saage

Saage Media GmbH - Equipo

- www.SaageBooks.com/es
- support@saagemedia.com
- Spinnereistraße 7 - c/o SpinLab – The HHL Accelerator, 04179 Leipzig, Germany

Acceso rápido al conocimiento

Para garantizar una experiencia de lectura óptima, nos gustaría familiarizarle con las características principales de este libro:

- **Estructura Modular:** Cada capítulo es independiente y puede leerse sin depender de los demás.
- **Investigación Exhaustiva:** Todos los capítulos se basan en una investigación exhaustiva y están respaldados por referencias científicas. Los datos mostrados en los diagramas sirven para una mejor visualización y se basan en suposiciones, no en los datos proporcionados en las fuentes. Una lista completa de fuentes y créditos de imágenes se encuentra en el apéndice.
- **Terminología Clara:** Los términos técnicos subrayados se explican en el glosario.
- **Resúmenes de Capítulos:** Al final de cada capítulo, encontrará resúmenes concisos que le dan una visión general de los puntos clave.
- **Recomendaciones Concretas:** Cada subcapítulo concluye con una lista de consejos específicos para ayudarle a poner en práctica lo aprendido.

Materiales adicionales de bonificación en nuestro sitio web

En nuestro sitio web, planeamos poner a su disposición los siguientes materiales exclusivos:

- Contenido adicional y capítulos extra
- Un resumen general compacto
- Una versión de radioteatro. (En planificación)

El sitio web está actualmente en construcción.

www.SaageBooks.com/es/criptomonedas-bonus-BA4RRX2

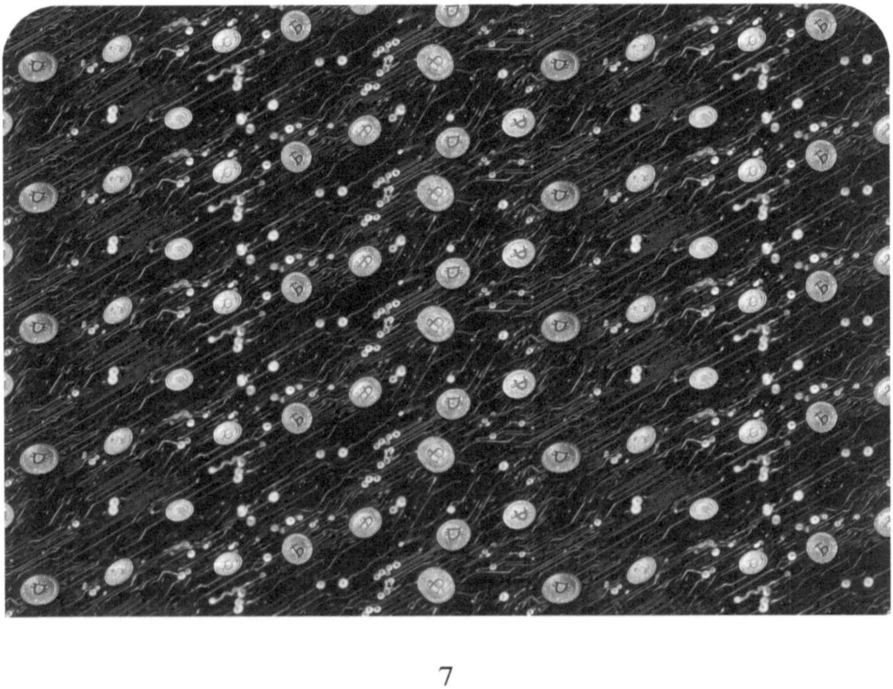

Índice

- 1. Fundamentos de las Criptomonedas
  - 1. 1 Funcionamiento Técnico
    - Blockchain como Fundamento
    - Redes Descentralizadas
    - Monederos Digitales
  - 1. 2 Mecanismos de Mercado
    - Oferta y Demanda
    - Formación de Precios
    - Capitalización de Mercado
  - 1. 3 Aspectos de Seguridad
    - Claves Privadas
    - Autenticación de Dos Factores
    - Copia de Seguridad de Datos

- ○ 2. Comercio de Criptomonedas
  - ○ 2. 1 Estrategias Comerciales
    - ○ Inversión a Largo Plazo
    - ○ Comercio Diario
    - ○ Diversificación de la Cartera
  - ○ 2. 2 Mercados de Intercambio
    - ○ Mercados de Intercambio Centralizados
    - ○ Bolsas Descentralizadas
    - ○ Comercio Directo
  - ○ 2. 3 Gestión de Riesgos
    - ○ Limitación de Pérdidas
    - ○ Tamaño de las Posiciones
    - ○ Toma de Ganancias

- 3. Minería de Criptomonedas
  - 3. 1 Métodos de Minería
    - Minería Individual
    - Comunidades de Minería
    - Minería en la Nube
  - 3. 2 Hardware
    - Procesadores
    - Tarjetas Gráficas
    - Hardware Especializado
  - 3. 3 Rentabilidad
    - Costes Energéticos
    - Costes de Mantenimiento
    - Cálculo de la Rentabilidad

- 4. Bitcoin y Ethereum
    - 4. 1 Comparación de Redes
        - Velocidad de Transacción
        - Consumo de Energía
        - Escalabilidad
    - 4. 2 Áreas de Aplicación
        - Pagos
        - Contratos Inteligentes
        - Aplicaciones Descentralizadas
    - 4. 3 Potencial de Desarrollo
        - Mejoras Técnicas
        - Actualizaciones de la Red
        - Cambios de Protocolo
- 5. Creación de Patrimonio
    - 5. 1 Evaluación de Riesgos
        - Fluctuaciones del Mercado
        - Riesgos Regulatorios
        - Riesgos Técnicos
    - 5. 2 Administración de Patrimonio
        - Documentación
        - Planificación de Emergencias
        - Planificación Sucesoria
- Fuentes

- Fuentes de imágenes

1. Fundamentos de las Criptomonedas

¿Alguna vez se ha preguntado cómo puede funcionar un sistema de pago digital sin control central? La revolución de las monedas digitales se basa en innovaciones tecnológicas revolucionarias que transforman fundamentalmente nuestra concepción del dinero. Desde la tecnología blockchain hasta métodos de cifrado complejos, surgen nuevas oportunidades para transacciones seguras y transparentes. Los mecanismos detrás de este sistema parecen complejos al principio, pero se pueden reducir a principios fundamentales. En este capítulo, desglosamos paso a paso los conceptos fundamentales que hacen de las criptomonedas uno de los desarrollos más emocionantes de la era digital.

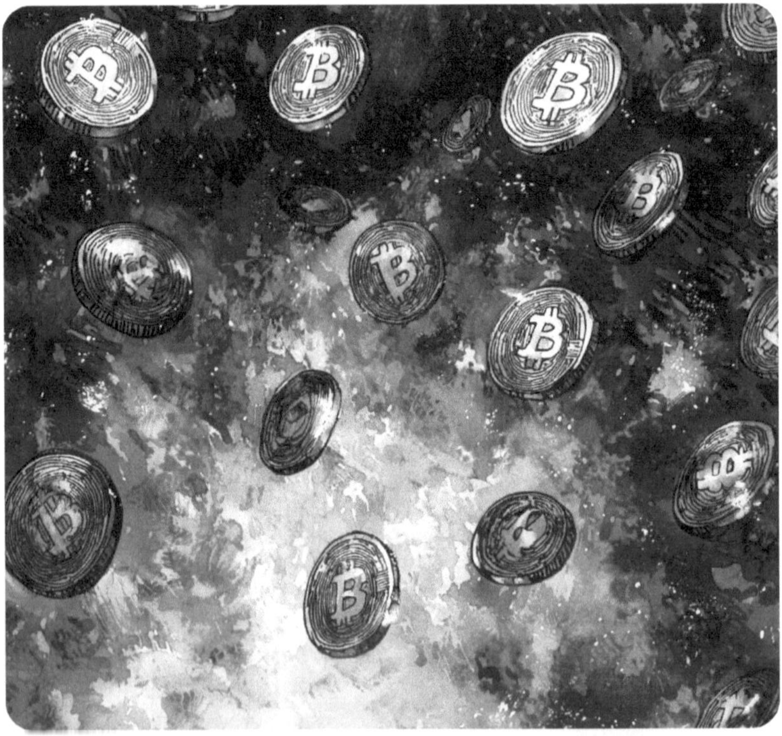

1. 1 Funcionamiento Técnico

Las criptomonedas se basan en complejos mecanismos técnicos que garantizan seguridad, transparencia y descentralización. Este capítulo ilumina el funcionamiento básico de la blockchain, las redes descentralizadas y las billeteras digitales. A través de esto, se evidencian los desafíos y la utilidad práctica de estas tecnologías para el manejo seguro de las criptomonedas. Comprenda los fundamentos técnicos y establezca las bases para un exitoso trading y minería de criptomonedas.

La clave privada de una billetera es como la contraseña de su patrimonio cripto y debe mantenerse en secreto. La pérdida de la clave privada significa la pérdida irreversible del patrimonio correspondiente.

Blockchain como Fundamento

La blockchain constituye la columna vertebral de las criptomonedas como Bitcoin. Sirve como un registro descentralizado y público que almacena todas las transacciones de manera cronológica e inmutable. Cada nuevo bloque en la cadena contiene un hash del bloque anterior, creando así una historia continua. Esta concatenación garantiza la integridad del sistema, ya que un cambio posterior en un bloque alteraría todos los hashes subsiguientes, lo que sería inmediatamente detectable. La descentralización significa que la blockchain no está controlada por una única institución, como un banco, sino que está distribuida en muchas computadoras de la red. Esto aumenta la seguridad y la resistencia contra ataques o manipulaciones. Otro aspecto importante es la transparencia. Todas las transacciones son visibles públicamente, pero sin revelar la identidad de las personas involucradas. En su lugar, se utilizan claves criptográficas que funcionan como firmas digitales y confirman la autenticidad de las transacciones. Esta combinación de descentralización, inmutabilidad y transparencia convierte a la blockchain en una tecnología innovadora con diversas aplicaciones. Ofrece un alto grado de seguridad y confianza, sin necesidad de una autoridad central de control. La tecnología blockchain permite transacciones de igual a igual, es decir, los pagos pueden realizarse directamente entre dos partes, sin intermediarios como los bancos. Esto puede reducir los costos de transacción y aumentar la velocidad de las transferencias. Para entender mejor su funcionamiento, consideremos el proceso de confirmación de transacciones. Cuando se inicia una transacción, primero se difunde en la red. Los mineros, computadoras especiales en la red, recopilan estas transacciones y las agrupan en bloques. Para agregar un bloque a la blockchain, los mineros deben resolver complejos acertijos matemáticos, un proceso conocido como "minería". El primer minero que resuelve el acertijo añade el bloque a la blockchain y recibe una recompensa en forma de criptomoneda. Este mecanismo, conocido como "prueba de trabajo", asegura la red y previene actividades fraudulentas. La seguridad de la blockchain se garantiza mediante procedimientos criptográficos. Cada bloque contiene un hash, una cadena alfanumérica única que representa el contenido del bloque. Si se modifica incluso un solo carácter en el bloque, también cambia el hash. A través de la concatenación de los bloques mediante hashes, se asegura la integridad de toda la blockchain. Cualquier intento de manipular una transacción alteraría los hashes de todos los bloques subsiguientes y sería inmediatamente detectable. La tecnología blockchain también ofrece la posibilidad de implementar contratos inteligentes. Los contratos inteligentes son contratos autoejecutables cuyas condiciones están establecidas directamente en el código. Una vez que se cumplen las condiciones predefinidas, el contrato se ejecuta automáticamente. Esto permite la automatización de procesos complejos y reduce el riesgo de fraude o error humano. Por ejemplo, los contratos inteligentes podrían utilizarse en la logística de la cadena de suministro para desencadenar automáticamente el pago una vez que se haya entregado un producto. El uso de una blockchain también puede mejorar la trazabilidad de los productos. Cada paso en la cadena de suministro puede documentarse en la blockchain, desde la producción hasta la venta. Esto permite un seguimiento transparente y a prueba de manipulaciones de los productos, lo que es especialmente relevante para bienes sensibles como alimentos o medicamentos. Los clientes podrían, por ejemplo, escanear un código QR para ver toda la historia de un producto, desde su origen hasta su ubicación actual. La tecnología blockchain es compleja, pero comprender sus principios fundamentales es esencial para entender el funcionamiento de las criptomonedas y su potencial. La descentralización, inmutabilidad y transparencia de la blockchain ofrecen nuevas oportunidades para transacciones y procesos seguros y eficientes. El desarrollo continuo y la aplicación de esta tecnología en diversas áreas promete cambios transformadores en el futuro. Al elegir una criptomoneda o una aplicación basada en blockchain, preste

atención a la tecnología subyacente y los aspectos de seguridad asociados. Infórmese sobre la reputación de los desarrolladores y la comunidad que respalda el proyecto.

Minería [i1]

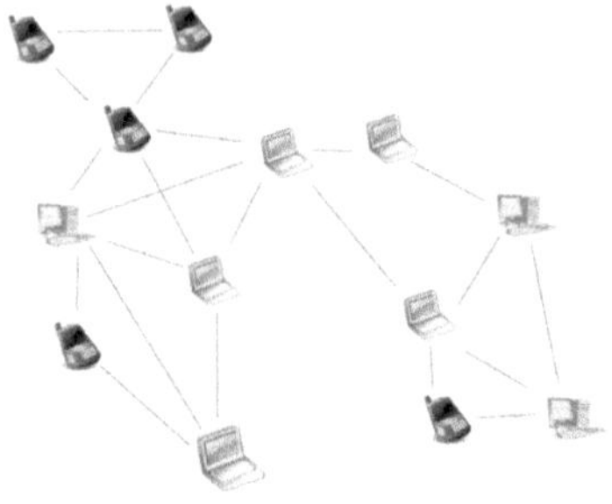

Transacciones entre pares [i2]

Bueno saber

Claves criptográficas

Las claves criptográficas son como contraseñas digitales que se utilizan para cifrar y descifrar información. En las criptomonedas, se utilizan para autorizar transacciones y demostrar la propiedad. Hay dos tipos de claves: la clave privada, que debe mantenerse en secreto, y la clave pública, que puede compartirse.

Contratos inteligentes

Los contratos inteligentes son contratos autoejecutables que se almacenan en la blockchain. Las condiciones del contrato se escriben en código y se ejecutan automáticamente una vez que se cumplen ciertas condiciones. Esto permite acuerdos automatizados seguros y transparentes sin intermediarios.

Transacciones de igual a igual

Las transacciones de igual a igual permiten el intercambio directo de valores entre dos partes sin intermediarios como bancos. Esto conduce a transacciones más rápidas y tarifas más bajas. La blockchain permite estas transacciones gracias a la naturaleza descentralizada de la red.

Tiempo de confirmación de transacción vs. Tiempo de bloque

Ilustra la relación entre el tiempo de confirmación de la transacción y el tiempo de bloque.

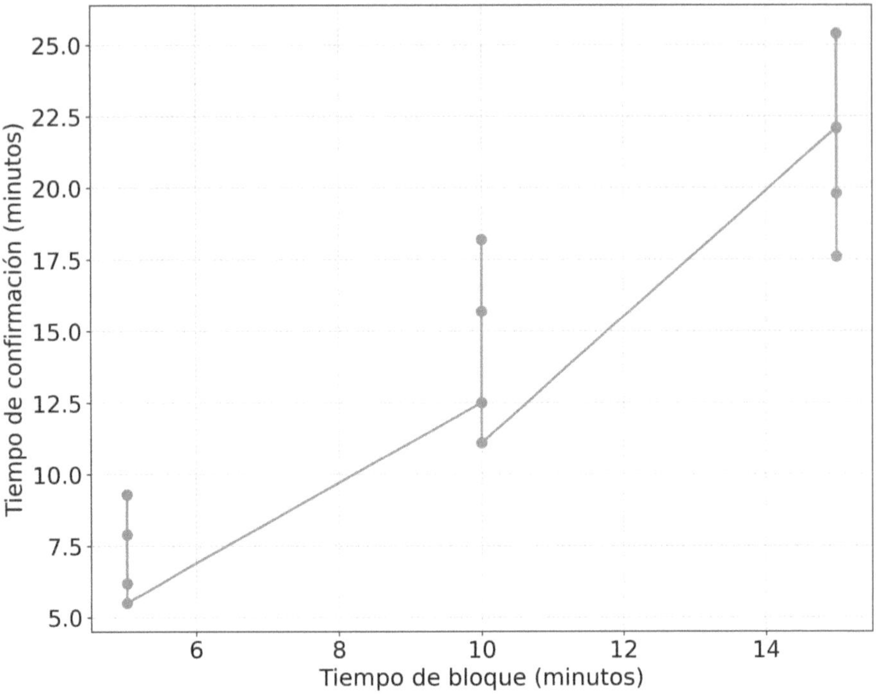

Este gráfico demuestra cómo los tiempos de confirmación de las transacciones están influenciados por el tiempo de bloque. Los tiempos de bloque más cortos generalmente conducen a confirmaciones más rápidas, ya que las transacciones se incluyen en los bloques con mayor frecuencia. Sin embargo, otros factores como la congestión de la red y las tarifas de transacción también pueden influir. La naturaleza fluctuante del tiempo de confirmación, incluso con un tiempo de bloque constante, destaca la naturaleza dinámica de la red blockchain.

Redes Descentralizadas

Las redes descentralizadas son el núcleo de las criptomonedas y se diferencian fundamentalmente de los sistemas tradicionales centralizados. En lugar de una instancia central, como un banco, que controla y valida las transacciones, el control en la red descentralizada se distribuye entre muchos participantes, llamados nodos. Estos nodos son computadoras conectadas entre sí a través de Internet y operan conjuntamente la red. Cada nodo almacena una copia completa de la blockchain y contribuye a la seguridad e integridad del sistema. Esta arquitectura distribuida ofrece varias ventajas. Aumenta la resistencia a fallos, ya que la red sigue funcionando incluso si algunos nodos fallan. La caída de un solo servidor, como en un banco, puede paralizar todo el servicio. Las redes descentralizadas también son más resistentes a la censura y manipulación, ya que ninguna parte única tiene el control sobre la red. Un gobierno o institución no puede simplemente bloquear transacciones o alterar datos. Una red descentralizada se puede comparar con un gran sistema contable global, gestionado por muchos auditores independientes. Cada auditor tiene acceso a todas las entradas y puede verificar la exactitud de las transacciones. Esto aumenta la transparencia y la confianza en el sistema. Otro aspecto de las redes descentralizadas es la forma de comunicación entre los nodos. Se comunican directamente entre sí, sin un intermediario central. Este principio de Peer-to-Peer permite transacciones rápidas y eficientes, ya que ninguna instancia central ralentiza la comunicación o cobra tarifas adicionales. Las transacciones se realizan directamente entre las partes involucradas. Puede imaginarse esto como un intercambio directo de mensajes entre dos personas, sin que un cartero tenga que entregar el mensaje. Sin embargo, la descentralización también presenta desafíos técnicos. La coordinación entre los muchos nodos independientes es compleja y requiere protocolos y algoritmos especiales. Un aspecto importante es el mecanismo de consenso, que asegura que todos los nodos estén en la misma página y validen las mismas transacciones. El mecanismo de Prueba de Trabajo, utilizado en Bitcoin, es un ejemplo de tal mecanismo de consenso. Requiere que los mineros resuelvan problemas computacionales complejos para agregar nuevos bloques a la blockchain. Este proceso asegura la red y previene manipulaciones. Al elegir una criptomoneda, es recomendable informarse sobre el mecanismo de consenso utilizado, ya que este influye en la seguridad y eficiencia de la red. Preste atención, por ejemplo, a la información sobre el consumo de energía, la escalabilidad y la seguridad del mecanismo de consenso elegido. La arquitectura de una red descentralizada también influye en la velocidad y los costos de las transacciones. Dado que cada nodo debe procesar cada transacción, la velocidad de transacción puede disminuir en momentos de alta carga de red. Las tarifas asociadas a una transacción dependen de varios factores, como la carga de la red y la complejidad de la transacción. Infórmese sobre los tiempos y costos de transacción promedio antes de utilizar una criptomoneda para evitar sorpresas desagradables. Compare los valores ofrecidos por diferentes criptomonedas para encontrar la opción que mejor se adapte a sus necesidades. La descentralización juega un papel crucial en la seguridad e independencia de las criptomonedas. Permite un sistema financiero transparente, resistente a la censura y a prueba de fallos, que no está controlado por ninguna instancia única. Comprender el funcionamiento de las redes descentralizadas es esencial para captar las ventajas y desafíos de las criptomonedas y tomar decisiones informadas al seleccionar y utilizarlas. Infórmese a fondo sobre los diferentes aspectos de la descentralización para evaluar adecuadamente las oportunidades y riesgos de esta tecnología.

Bueno saber

Escalabilidad

La escalabilidad se refiere a la capacidad de una red para manejar un volumen creciente de transacciones sin que la velocidad y los costos de las transacciones se vean negativamente afectados.

Mecanismo de Consenso

Un mecanismo de consenso es un procedimiento mediante el cual los nodos en una red descentralizada acuerdan el estado actual de la blockchain. Asegura que todos los nodos validen las mismas transacciones y las agreguen a la blockchain.

Prueba de Trabajo

La Prueba de Trabajo (PoW) es un mecanismo de consenso en el que los mineros deben resolver problemas computacionales complejos para agregar nuevos bloques a la blockchain y validar transacciones. Este proceso asegura la red y previene manipulaciones, pero requiere mucha energía.

Peer-to-Peer

Peer-to-Peer (P2P) se refiere a una red en la que todos los participantes son iguales y se comunican directamente entre sí, sin un servidor central. En el contexto de las criptomonedas, P2P permite transacciones directas entre usuarios, sin intermediarios.

Distribución de Nodos de Red Descentralizada

Distribución de nodos por número de conexiones y volumen de transacciones.

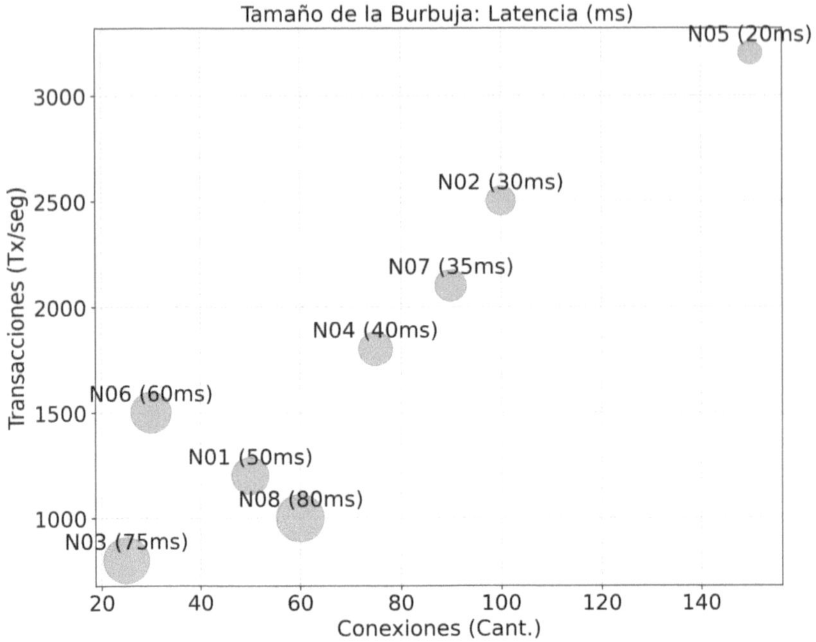

Blasengröße: Latencia (ms)

N01: Nodo 01

N02: Nodo 02

N03: Nodo 03

N04: Nodo 04

N05: Nodo 05

N06: Nodo 06

N07: Nodo 07

N08: Nodo 08

El gráfico revela una correlación entre el número de conexiones que tiene un nodo y el volumen de transacciones que procesa. Los nodos con mayor número de conexiones tienden a manejar un volumen de transacciones significativamente mayor. Sin embargo, algunos nodos con menos conexiones aún gestionan una carga de transacciones sustancial, lo que sugiere un posicionamiento estratégico o roles especializados dentro de la red. Esta distribución desigual destaca la naturaleza dinámica de las redes descentralizadas y las diversas contribuciones de los nodos individuales.

Carteras Digitales

Las carteras digitales, a menudo llamadas wallets, son esenciales para la gestión de criptomonedas. Permiten el acceso a sus activos digitales y la realización de transacciones. Existen diferentes tipos de carteras que varían en sus características de seguridad y facilidad de uso. Carteras de Software son programas que se instalan en computadoras o teléfonos inteligentes. Carteras de Hardware almacenan las claves criptográficas fuera de línea en un dispositivo separado, lo que aumenta la seguridad, ya que no están constantemente conectadas a Internet. Las carteras web son accesibles en línea y ofrecen comodidad, pero conllevan un mayor riesgo en comparación con las soluciones fuera de línea. Carteras de Papel almacenan las claves en una impresión en papel, que debe ser guardada de manera segura. Una cartera contiene dos informaciones importantes: la clave pública y la clave privada. La clave pública actúa como su dirección en la red, comparable a un número de cuenta. Puede compartirla sin preocupaciones para recibir criptomonedas. La clave privada, en cambio, es como una contraseña y le otorga acceso y uso de sus criptomonedas. Debe mantenerse en secreto. Conocer la clave privada equivale a poseer la criptomoneda correspondiente. Si la pierde, pierde el acceso a su patrimonio. Por lo tanto, la seguridad en la custodia de la clave privada es crucial. Un procedimiento común es el uso de una Frase Semilla, una serie de palabras que generan la clave privada. Esta frase debe guardarse en un lugar seguro, fuera de línea y, preferiblemente, en múltiples copias. Un lugar seguro podría ser una caja de seguridad en un banco o una caja fuerte diseñada para ello. El funcionamiento de una cartera se basa en métodos criptográficos que garantizan la seguridad de sus activos digitales. Cuando desea realizar una transacción, su cartera utiliza su clave privada para firmar digitalmente la transacción. Esta firma prueba que usted es el legítimo propietario de la criptomoneda. La transacción se envía a la red y es verificada por los mineros antes de ser añadida a la Blockchain. Al elegir una cartera, debe considerar varios factores. El nivel de seguridad, la facilidad de uso y la compatibilidad con las criptomonedas que utiliza son relevantes. Para principiantes, son adecuadas las carteras de software o web que son fáciles de usar. Para cantidades mayores o inversiones a largo plazo, las carteras de hardware son la opción más segura. Infórmese sobre las ventajas y desventajas de los diferentes tipos de carteras y elija la que mejor se adapte a sus necesidades y requisitos de seguridad. Al configurar una cartera, preste atención a la seriedad del proveedor. Utilice solo software y plataformas de confianza para minimizar el riesgo de fraude o pérdida de datos. Revise las calificaciones y testimonios de otros usuarios antes de decidirse por una cartera específica. La seguridad de sus activos digitales depende en gran medida de la elección y el uso correcto de su cartera.

Por lo tanto, una selección cuidadosa y la atención a las políticas de seguridad son esenciales. Un ejemplo de cómo aumentar la seguridad es activar la Autenticación de Dos Factores, que requiere un código de seguridad adicional para acceder a su cartera. Este código generalmente se genera a través de una aplicación separada en su teléfono inteligente. Así, el acceso a su cartera se dificulta, incluso si alguien conoce su contraseña. Además, puede utilizar la función de Lista Blanca, que solo permite transacciones a direcciones previamente aprobadas.

Gestionar múltiples carteras puede ser útil para atender diferentes propósitos o diversificar el riesgo. Podría usar una cartera para transacciones diarias y otra para inversiones a largo plazo. - Para transacciones regulares, una cartera en línea es adecuada, mientras que para inversiones a largo plazo, se recomienda una cartera de hardware.
- Para requisitos de seguridad especialmente altos, puede utilizar una Cartera Multisig, que requiere el consentimiento de varias partes para una transacción.
- Tenga en cuenta que cada cartera necesita su propia copia de seguridad. Guarde estas copias de seguridad en diferentes lugares seguros.

Al combinar diferentes tipos de carteras y medidas de seguridad, puede gestionar y proteger sus criptomonedas de manera efectiva. Manténgase informado sobre nuevos desarrollos y vulnerabilidades de seguridad para asegurar óptimamente sus activos digitales.

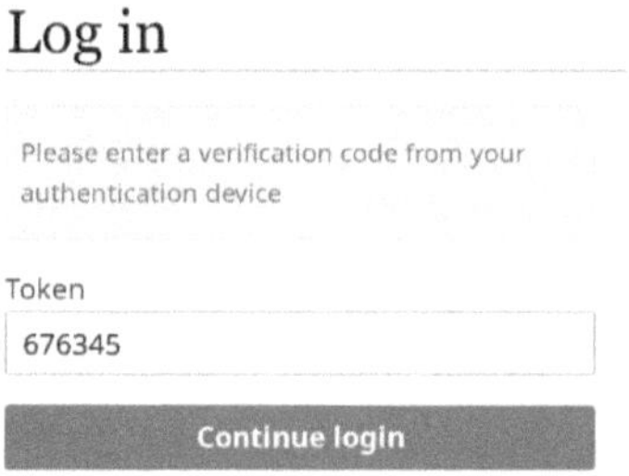

Autenticación de dos factores [i3]

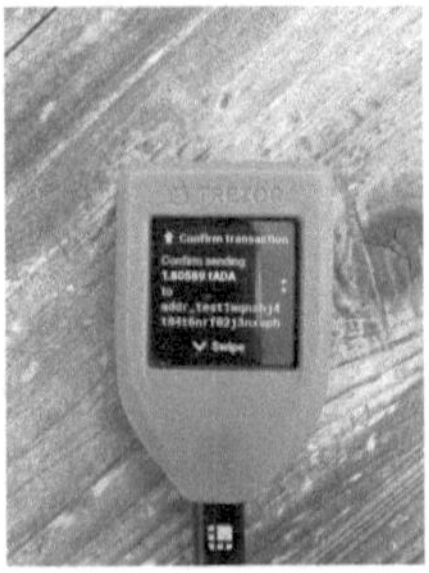

Monederos de hardware [i4]

Bueno saber

Autenticación de Dos Factores

Una medida de seguridad que requiere un segundo factor (por ejemplo, un código de una aplicación) además de la contraseña para confirmar el acceso a una cuenta.

Cartera Multisig

Una cartera que requiere el consentimiento de varias partes para autorizar una transacción.

Cartera de Hardware

Dispositivos físicos que almacenan las claves privadas fuera de línea y firman transacciones. Se consideran el método más seguro para almacenar criptomonedas.

Cartera de Papel

Almacenamiento fuera de línea de las claves en una impresión en papel. Son seguras siempre que el papel se guarde de manera segura y no se dañe.

Cartera de Software

Programas que se instalan en una computadora o teléfono inteligente y almacenan las claves del usuario. Ofrecen un nivel de seguridad menor en comparación con las carteras de hardware.

Firma Digital

Una prueba criptográfica que confirma que una transacción fue autorizada por el propietario de la clave privada.

Métodos Criptográficos

Métodos matemáticos que garantizan la seguridad e integridad de las transacciones de criptomonedas.

Niveles de seguridad de monederos digitales

Comparación de seguridad de diferentes tipos de monederos digitales.

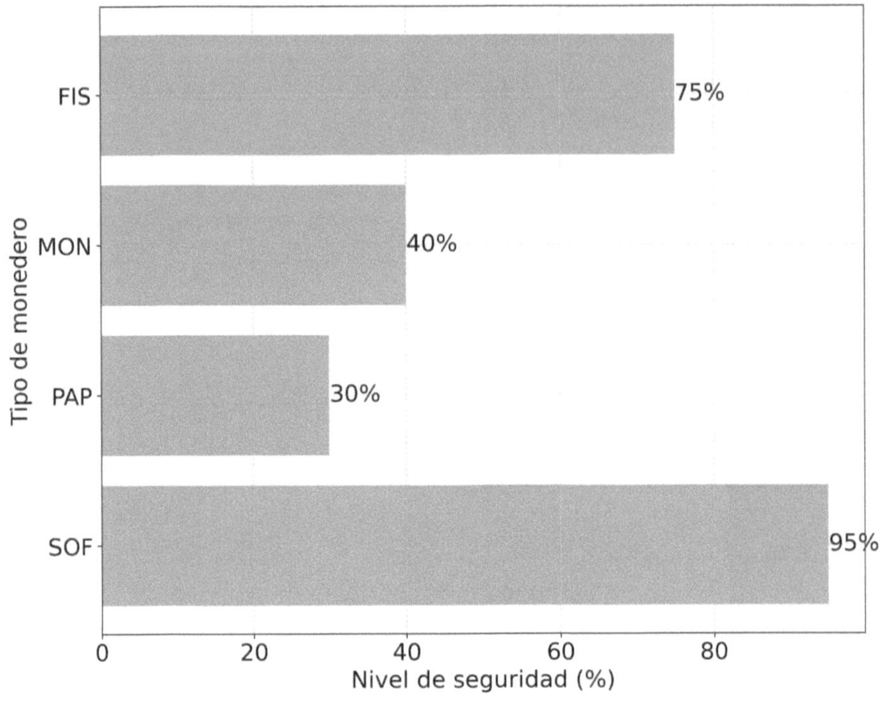

FIS: Monedero físico

MON: Monedero web

PAP: Monedero de papel

SOF: Monedero de software

Los monederos físicos ofrecen la mayor seguridad, seguidos de los monederos de software. Los monederos de papel y web son comparativamente menos seguros, lo que destaca la importancia de elegir el monedero adecuado en función de las necesidades de seguridad individuales.

Consejos concretos

- Realice un seguimiento del desarrollo de nuevos mecanismos de consenso más allá del Proof-of-Work para evaluar su potencial para transacciones más rápidas y energéticamente eficientes.
- Simule el proceso de una transacción en una red de prueba para comprender de manera práctica los pasos desde la creación hasta la confirmación.
- Compare la arquitectura de diferentes blockchains, como Bitcoin y Ethereum, en términos de escalabilidad y velocidad de transacción.
- Desarrolle un pequeño programa que ilustre el funcionamiento de las funciones hash, realizando cambios mínimos en un texto y observando los valores hash resultantes.
- Analice el código fuente de una billetera de código abierto para comprender en detalle los procedimientos criptográficos y los mecanismos de seguridad.
- Investigue el funcionamiento de los árboles de Merkle para entender cómo permiten la verificación eficiente de la integridad de los datos en la blockchain.
- Visite foros en línea y comunidades de desarrolladores para informarse sobre vulnerabilidades de seguridad actuales y mejores prácticas en el manejo de claves privadas.
- Experimente con diferentes tipos de billeteras para conocer sus ventajas y desventajas en la práctica y encontrar la solución adecuada para sus necesidades.
- Cree una lista de verificación para el almacenamiento seguro de su frase semilla, que considere no solo medidas de seguridad físicas, sino también estrategias de respaldo digital.

1. 2 Mecanismos de Mercado

Los precios de las criptomonedas surgen de la compleja interacción entre oferta, demanda, psicología y factores externos. La cantidad total limitada de Bitcoin, por ejemplo, genera una escasez natural, mientras que las noticias, las redes sociales y el estado general del mercado influyen en la demanda. Factores adicionales como las inversiones institucionales, el volumen de comercio y la interconexión con los mercados financieros tradicionales contribuyen a la dinámica de precios. La capitalización de mercado, calculada a partir del producto del precio y la cantidad en circulación, sirve como indicador del tamaño y la importancia de una criptomoneda. Proporciona información sobre su consolidación y potencial estabilidad, siendo que una alta capitalización de mercado a menudo se asocia con menor volatilidad. Comprender estos mecanismos de mercado es fundamental para tomar decisiones de inversión informadas y aprovechar al máximo las oportunidades y riesgos del mercado de criptomonedas.

El mercado de criptomonedas no solo se ve influenciado por la oferta y la demanda, sino también por la psicología, las noticias, el sentimiento del mercado, los indicadores técnicos, los desarrollos macroeconómicos y las actividades especulativas.

Oferta y Demanda

El precio de una criptomoneda se determina por la interacción entre la oferta y la demanda. La oferta de Bitcoin está limitada por la cantidad máxima de 21 millones de unidades [s1]. Este límite no puede ser superado, independientemente de la demanda. La demanda se ve influenciada por diversos factores, incluidos las inversiones institucionales, las tendencias del mercado y la situación económica general [s1]. Los inversores institucionales que mantienen Bitcoin en sus carteras reducen la cantidad disponible y, por lo tanto, influyen en el precio [s1]. Una oferta reducida, como resultado de estrategias de retención a largo plazo, puede llevar a un aumento de precios, ya que la demanda se enfrenta a una oferta limitada [s1]. Un ejemplo de esto es la escasez deliberada de la oferta por parte de grandes inversores que mantienen sus tenencias a largo plazo y, de este modo, pueden influir en el precio. Además de la escasez fundamental, los factores psicológicos y las noticias externas también juegan un papel en la formación de precios [s2]. Las noticias negativas tienden a tener un impacto más fuerte en la volatilidad de precios que las positivas. A corto plazo, las actividades especulativas y la manipulación del mercado pueden llevar a burbujas de precios [s2]. Si bien existe una relación positiva entre el precio y el volumen de comercio, el volumen de comercio en fases extremas del mercado no es un indicador confiable para futuros desarrollos de precios [s2]. La dinámica de los precios de las criptomonedas resulta de la interacción de factores fundamentales y especulativos [s3]. Las actividades en cadena y los factores económicos influyen en los componentes fundamentales, mientras que la atención de los inversores y las actividades fuera de la cadena determinan los componentes especulativos [s3]. Los mercados de criptomonedas no están aislados de los mercados financieros tradicionales. La formación de precios se ve influenciada por ambos lados a través de los desarrollos en el mercado

de valores [s3]. La creciente adopción institucional de criptomonedas y su integración en carteras tradicionales subrayan esta interconexión.

Bueno saber

Actividades Especulativas
Las actividades especulativas en el mercado de criptomonedas se refieren a la compra y venta de criptomonedas con el objetivo de beneficiarse de fluctuaciones de precios a corto plazo, sin considerar el valor subyacente del activo.

Adopción Institucional
La adopción institucional describe la creciente aceptación e integración de criptomonedas por parte de inversores institucionales, como bancos, fondos y gestores de activos, en sus carteras y modelos de negocio.

Inversores Institucionales
Los inversores institucionales como fondos o gestores de activos pueden influir en el mercado mediante grandes inversiones en criptomonedas. Sus compras y ventas pueden tener un impacto significativo en la oferta y la demanda, y por ende en el precio.

Oferta y Demanda
El principio de oferta y demanda determina el precio de criptomonedas como Bitcoin. Una alta oferta con baja demanda reduce el precio, mientras que una alta demanda con baja oferta aumenta el precio.

Ejemplo de Fluctuación del Precio de Bitcoin

Fluctuación ilustrativa del precio de Bitcoin a lo largo del tiempo.

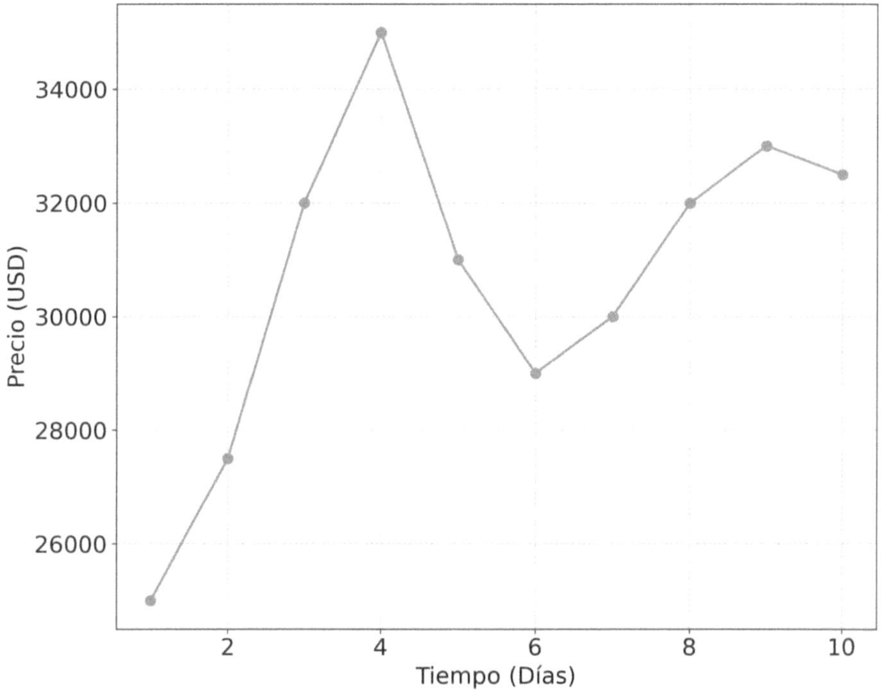

Este gráfico muestra una tendencia hipotética del precio de Bitcoin, lo que demuestra la volatilidad que se observa a menudo. El aumento inicial sugiere una fuerte demanda seguida de un período de corrección y estabilización. Si bien este patrón específico es ficticio, refleja la naturaleza dinámica de los mercados de criptomonedas influenciados por diversos factores como noticias, regulaciones y sentimiento del mercado. Predecir los movimientos futuros de precios basándose únicamente en datos históricos no es confiable, lo que enfatiza la naturaleza de alto riesgo y alta recompensa de las inversiones en criptomonedas.

Formación de Precios

La formación de precios en criptomonedas como Bitcoin se presenta como una compleja interacción de diversas influencias que van más allá de la simple confrontación entre oferta y demanda. Aunque la cantidad total limitada de Bitcoin de 21 millones de unidades determina una escasez natural de oferta, la disponibilidad real en el mercado se modula por el comportamiento de los participantes del mercado. Por ejemplo, las estrategias de retención a largo plazo de grandes inversores, el llamado "Hodln", pueden reducir la circulación disponible y, por ende, influir en el precio. Además de esta relación entre oferta y circulación, otros factores también afectan la formación de precios. La percepción del activo por parte de los participantes del mercado, influenciada por noticias, redes sociales y el sentimiento general del mercado, juega un papel crucial. La cobertura negativa puede llevar a la incertidumbre y a un aumento de las actividades de venta, mientras que las noticias positivas pueden fortalecer la confianza de los inversores y estimular la demanda. Por lo tanto, un inversor prudente debería examinar críticamente diversas fuentes de información para tomar decisiones informadas y fundamentadas, en lugar de reaccionar ciegamente a las fluctuaciones del mercado a corto plazo. Más allá de la presencia mediática, los indicadores técnicos también influyen en la evolución de los precios. El handelsvolumen, es decir, la cantidad negociada de una criptomoneda dentro de un período determinado, puede proporcionar indicios sobre la actividad del mercado. Un alto volumen de comercio con un precio en aumento a menudo indica una fuerte tendencia alcista. Sin embargo, un alto volumen con un precio en descenso también puede señalar ventas por pánico. Por lo tanto, es aconsejable interpretar el volumen de comercio en el contexto de otras señales del mercado, como el desarrollo del libro de órdenes. La interconexión de los mercados de criptomonedas con los mercados financieros tradicionales representa otro factor influyente. Los desarrollos macroeconómicos, como cambios en las tasas de interés o inflación, pueden afectar la disposición al riesgo de los inversores y, por ende, influir en la demanda de criptomonedas. Además, la creciente integración de criptomonedas en portafolios institucionales refuerza esta interacción. Por lo tanto, los inversores deberían diversificar su portafolio y mantener un ojo en los desarrollos de los mercados financieros tradicionales para identificar riesgos y oportunidades potenciales de manera temprana. Finalmente, las actividades especulativas y las manipulaciones del mercado, como los escenarios de "Pump and Dump", también juegan un papel. En este caso, el precio de una criptomoneda se eleva artificialmente para luego venderse con ganancias, provocando una caída en el precio. Para protegerse de tales manipulaciones, es esencial informarse sobre el funcionamiento del mercado y recurrir a fuentes de información confiables. Una investigación exhaustiva y una evaluación crítica de la información disponible son esenciales para invertir con éxito en el mercado de criptomonedas.

Bueno saber

Diversificar

La distribución de inversiones en diferentes clases de activos para minimizar el riesgo. En el contexto de las criptomonedas, esto significa invertir en diferentes criptomonedas en lugar de apostar solo por una.

Libro de Órdenes

Una lista de todas las órdenes de compra y venta para una criptomoneda específica en un intercambio. Muestra las ofertas y demandas actuales para la criptomoneda, ordenadas por precio y cantidad. El libro de órdenes proporciona información sobre la profundidad del mercado actual y el interés potencial de compra y venta.

Portafolio

La totalidad de las inversiones en criptomonedas de un inversor. Un portafolio diversificado contiene diferentes criptomonedas para distribuir el riesgo.

Pump and Dump

Una forma de manipulación del mercado en la que el precio de una criptomoneda se eleva artificialmente ("Pump") para luego vender grandes cantidades de la criptomoneda con ganancias ("Dump"), lo que provoca una caída en el precio. A menudo, se utilizan redes sociales u otros canales para generar un bombo artificial.

Discrepancias de precios de Bitcoin entre casas de cambio

Diferencias de precios ilustrativas para BTC en varias casas de cambio.

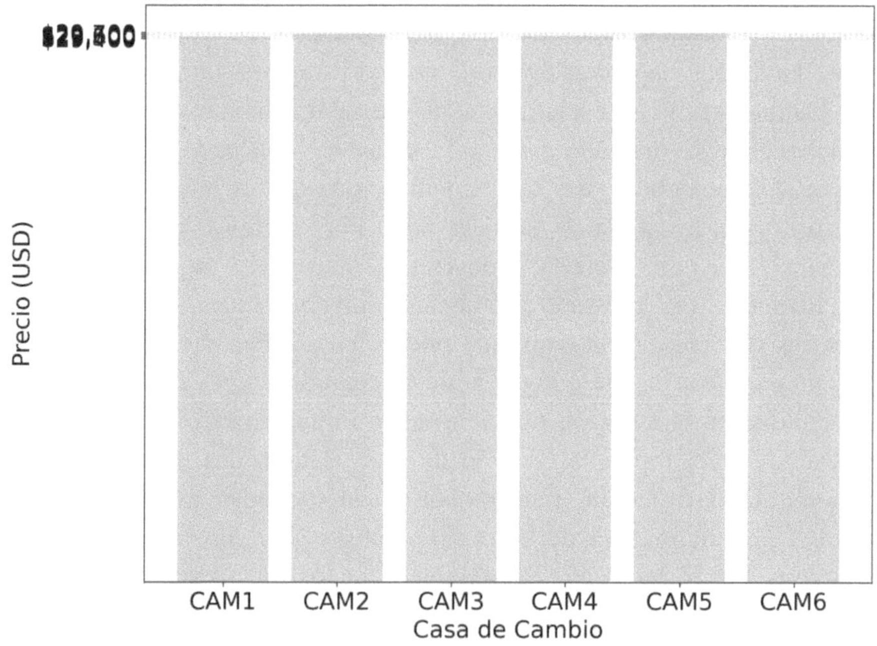

CAM1: Casa de Cambio A — CAM2: Casa de Cambio B

CAM3: Casa de Cambio C — CAM4: Casa de Cambio D

CAM5: Casa de Cambio E — CAM6: Casa de Cambio F

Este gráfico destaca el potencial de oportunidades de arbitraje debido a las variaciones de precios entre las diferentes casas de cambio de criptomonedas. Los operadores podrían comprar BTC en casas de cambio con precios más bajos y vender en aquellas con precios más altos, beneficiándose del diferencial. Sin embargo, factores como las comisiones de transacción, los límites de retiro y la volatilidad del mercado pueden afectar la rentabilidad real de dicho arbitraje.

Capitalización de Mercado

La capitalización de mercado indica el valor total de todas las unidades en circulación de una criptomoneda y se calcula a partir del producto del precio de mercado actual y la cantidad en circulación. Sirve como un indicador del tamaño y la importancia de una criptomoneda en comparación con otras. Una alta capitalización de mercado sugiere una criptomoneda más establecida y potencialmente más estable, mientras que una baja capitalización de mercado a menudo se asocia con mayor volatilidad y riesgo. Los cambios en la capitalización de mercado reflejan el desarrollo de la oferta y la demanda. Por ejemplo, si la demanda aumenta con una oferta constante, tanto el precio como la capitalización de mercado aumentan. Inversamente, un precio en descenso con una oferta constante puede indicar una disminución de la demanda y llevar a una reducción de la capitalización de mercado. [s4] La cantidad en circulación también puede influir en la capitalización de mercado. Por ejemplo, la emisión de nuevas monedas o la "quema" – es decir, la destrucción intencionada – de monedas existentes puede alterar la capitalización de mercado, incluso si el precio se mantiene constante. Por lo tanto, es aconsejable para los inversores considerar la capitalización de mercado en relación con otros

indicadores, como el volumen de comercio y la volatilidad, para obtener una imagen completa de la criptomoneda en cuestión. El análisis de los mecanismos de mercado de las stablecoins, que están vinculadas a un valor externo, resalta la importancia de distinguir entre mercados primarios y mercados secundarios. Mientras que el comercio en mercados secundarios influye en la estabilidad de precios a corto plazo, la estructura y el funcionamiento del mercado primario, donde se emiten y aseguran las stablecoins, determinan la estabilidad a largo plazo y el comportamiento de las stablecoins, especialmente en tiempos de crisis. [s4] Por lo tanto, un inversor prudente no solo debe considerar la capitalización de mercado y el precio en el mercado secundario, sino también los mecanismos y la estabilidad del mercado primario.

Bueno saber

Capitalización de Mercado

La capitalización de mercado de una criptomoneda ayuda a evaluar su tamaño y su influencia en el mercado. Se calcula multiplicando el número de monedas disponibles por el precio de mercado actual. Bitcoin, como la criptomoneda más grande, a menudo tiene una capitalización de mercado más alta que otras criptomonedas más pequeñas.

Mercado Secundario

En el mercado secundario, las criptomonedas que ya están en circulación se negocian entre inversores. Las bolsas como Binance o Coinbase son ejemplos de mercados secundarios. Aquí, el precio se determina por la oferta y la demanda y está sujeto a fluctuaciones a corto plazo.

Volatilidad

La volatilidad se refiere al rango de fluctuación del precio de una criptomoneda. Una alta volatilidad significa que el precio puede aumentar o disminuir rápida y drásticamente, lo que conlleva tanto oportunidades como riesgos para los inversores. Bitcoin es conocido por su volatilidad de precios, que, con el tiempo, ha tendido a disminuir.

Distribución de la Capitalización del Mercado de Criptomonedas

Distribución de la capitalización de mercado entre las principales criptomonedas.

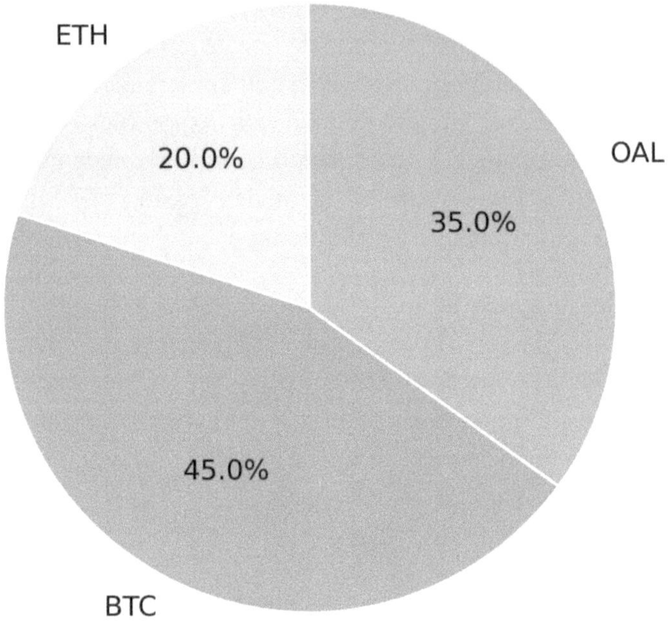

- BTC: Bitcoin
- ETH: Ethereum
- OAL: Otras Altcoins

El dominio de Bitcoin es claramente visible, lo que indica su importante influencia en el mercado. Si bien Ethereum posee una parte sustancial, las altcoins restantes, aunque numerosas, representan una porción menor del mercado general. Esto sugiere un mercado concentrado con pocos participantes clave que poseen un valor significativo.

Consejos concretos

- Observe la relación entre los tenedores a largo plazo y los especuladores a corto plazo para identificar tendencias en el mercado de manera temprana.
- Identifique a los participantes del mercado dominantes y analice su comportamiento comercial para evaluar su influencia en la formación de precios.
- Siga el desarrollo del libro de órdenes para juzgar la disposición actual de compra y venta en el mercado y anticipar posibles movimientos de precios.
- Desarrolle sus propios indicadores basados en el análisis de datos en cadena para detectar tendencias del mercado de manera anticipada.
- Aproveche la correlación entre los mercados de criptomonedas y los mercados tradicionales para ajustar estratégicamente su cartera y aprovechar oportunidades de diversificación.
- Observe el desarrollo de nuevos intercambios descentralizados (DEX) y su influencia en la liquidez del mercado y la formación de precios.
- Analice los efectos de las medidas regulatorias en la evolución de precios de diversas criptomonedas.
- Investigue la tokenómica de nuevos proyectos para evaluar su desarrollo de valor a largo plazo y su potencial en el mercado.
- Desarrolle una comprensión de la psicología de los mercados para evitar decisiones emocionales erróneas y seguir estrategias de inversión racionales.
- Siga el desarrollo de protocolos de finanzas descentralizadas (DeFi) y su influencia en los mercados financieros tradicionales.

1. 3 Aspectos de Seguridad

El manejo seguro de las criptomonedas requiere una comprensión profunda de los mecanismos de seguridad subyacentes. Las claves privadas, la autenticación de dos factores y la copia de seguridad de datos son los pilares para proteger su patrimonio digital. Este capítulo examina los desafíos asociados y las posibles vulnerabilidades que pueden abrir la puerta a los atacantes. La pérdida, el robo y el fraude son peligros reales en el universo cripto. La combinación adecuada de medidas de seguridad minimiza estos riesgos y le permite mantener el control sobre sus activos digitales. Prepárese para dominar los aspectos de seguridad esenciales y proteger eficazmente sus criptomonedas.

La seguridad de sus criptomonedas depende en gran medida de un enfoque de seguridad en múltiples capas que incluye el almacenamiento seguro de claves privadas, el uso de la autenticación de dos factores y la creación y verificación regular de copias de seguridad.

Claves Privadas

La clave privada es el código secreto que le permite acceder a sus criptomonedas. Funciona como la llave de su caja fuerte bancaria. Solo quien posee esta llave puede controlar y gestionar los valores que contiene. Si la pierde, su patrimonio se pierde irremediablemente. Si la comparte con personas no autorizadas, corre el riesgo de que le roben sus criptomonedas. Por lo tanto, la custodia segura de su clave privada es la tarea más importante al tratar con criptomonedas. Las claves privadas se generan mediante kryptografischer y consisten en una larga secuencia de letras y números. Esta cadena de caracteres aparentemente aleatoria está matemáticamente vinculada a su dirección pública, que utiliza para recibir criptomonedas. Se puede comparar con un buzón: su dirección pública es la dirección del buzón, que cualquiera puede ver y donde puede depositar cartas (criptomonedas). La clave privada es la llave del buzón; solo con ella puede retirar las cartas. La seguridad de su clave privada depende en gran medida del método de almacenamiento elegido. Diferentes métodos ofrecen diferentes niveles de seguridad y son adecuados para diversas necesidades. En términos generales, se distingue entre almacenamiento digital y analógico. Los métodos de almacenamiento digital incluyen softwarewallets, hardwarewallets y carteras en línea. Las carteras de software almacenan su clave privada en su computadora o teléfono inteligente. Las carteras de hardware son dispositivos separados diseñados específicamente para el almacenamiento seguro de claves privadas. Las carteras en línea almacenan sus claves en los servidores de un tercero. Cada uno de estos métodos tiene sus ventajas y desventajas en términos de seguridad, comodidad y facilidad de uso. Una cartera de hardware ofrece la mayor seguridad, pero requiere un tiempo de aprendizaje y conlleva costos adicionales. Una cartera en línea es conveniente de usar, pero conlleva el riesgo de que sus claves se pierdan debido a un ataque de hackers o la insolvencia del proveedor. Los métodos de almacenamiento analógico incluyen escribir la clave privada en papel o grabarla en metal. Estos métodos ofrecen protección contra ataques de hackers, pero son vulnerables a pérdidas por fuego, agua o robo. Si se anotan claves privadas en papel, esto debe hacerse de manera redundante y en diferentes lugares seguros. El uso de cajas fuertes a prueba de fuego y agua o de cajas de seguridad en bancos puede ofrecer protección adicional. Un aspecto importante de la seguridad de las claves es evitar ataques de phishing. Los estafadores intentan obtener sus claves privadas a través de sitios web o correos electrónicos falsos. Por lo tanto, desconfíe de correos electrónicos o mensajes no solicitados que le pidan que ingrese sus claves. Siempre verifique la URL del sitio web en el que se encuentra y nunca ingrese sus claves privadas en un sitio web cuya autenticidad no pueda verificar sin lugar a dudas. Otro punto importante es la seguridad de sus claves privadas mediante copias de seguridad. Si pierde o daña su medio de almacenamiento, puede restaurar sus criptomonedas con una copia de seguridad. Una copia de seguridad debe almacenarse en un lugar seguro y separado de la clave original. Podría, por ejemplo, guardar su copia de seguridad en una memoria USB cifrada y depositarla en una caja de seguridad bancaria. Es importante que pruebe el procedimiento de recuperación con antelación para asegurarse de que tiene acceso a sus criptomonedas en caso de emergencia. La elección del método de almacenamiento adecuado y la implementación de medidas de seguridad son cruciales para proteger sus criptomonedas. Infórmese a fondo sobre las diferentes opciones y elija el método que mejor se adapte a sus necesidades individuales y su comprensión de la seguridad. El control sobre sus claves privadas es la base para la gestión segura de sus activos digitales.

Bueno saber

Hacker

Acceso no autorizado a sistemas informáticos o redes con el objetivo de robar datos o manipular sistemas. Un gran riesgo para las carteras en línea.

Cartera en Línea

Servicios basados en la web que almacenan las claves privadas en los servidores de un tercero. Ofrecen alta comodidad, pero también conllevan un riesgo de seguridad.

Copia de Seguridad

Copias de seguridad de las claves privadas que permiten la recuperación de criptomonedas en caso de pérdida o daño del original.

Phishing

Intento de fraude en el que los criminales intentan obtener datos confidenciales, como claves privadas, a través de sitios web o correos electrónicos falsos.

Distribución de métodos de seguridad de clave privada

Distribución de prácticas comunes de seguridad de clave privada.

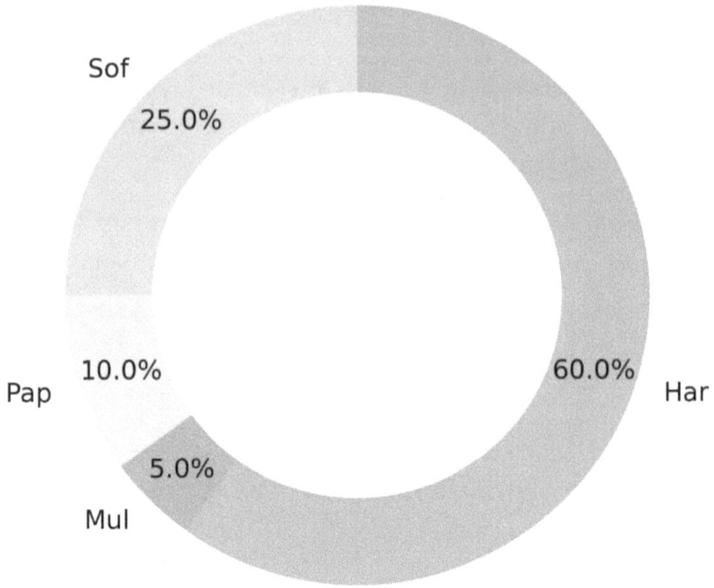

Har: Monedero de hardware

Pap: Monedero de papel

Mul: Monedero multifirma

Sof: Monedero de software

Los monederos de hardware representan una parte significativa de los métodos de seguridad empleados, lo que destaca su popularidad para el almacenamiento seguro. Si bien los monederos de software y los monederos de papel todavía tienen una participación, el dominio de los monederos de hardware enfatiza la creciente conciencia y adopción de medidas de seguridad sólidas entre los usuarios de criptomonedas. El uso de monederos multifirma, aunque menor, indica una creciente comprensión de los protocolos de seguridad avanzados.

Autenticación de Dos Factores

La autenticación de dos factores (2FA) complementa la protección mediante claves privadas con una capa adicional de seguridad. Este método requiere, además del primer factor de autenticación - generalmente una contraseña o clave privada - una segunda confirmación independiente de la identidad. El segundo factor se basa en algo que solo el usuario legítimo posee o conoce. Las formas más comunes de 2FA utilizan códigos de un solo uso basados en el tiempo, que se generan cada 30 segundos. Estos códigos se generan mediante un algoritmo que se basa en un secreto compartido entre la plataforma de criptomonedas y el dispositivo de autenticación. Aplicaciones de autenticación como Google Authenticator, Authy o YubiKey generan estos códigos directamente en el smartphone o en un token de hardware específico. Al configurar la 2FA en un intercambio de criptomonedas o plataforma de billetera, se muestra un código QR o una clave de seguridad. Después de escanear el código con la aplicación de autenticación, debe ingresar el código actual en cada inicio de sesión o en transacciones críticas. Incluso si un atacante obtiene su contraseña, el acceso sigue estando denegado sin el segundo factor. La protección de los códigos de recuperación de 2FA merece atención especial. Estos códigos de respaldo permiten el acceso a la cuenta en caso de que el dispositivo de autenticación se pierda o se dañe. Guarde estos códigos por separado de su dispositivo principal: de forma analógica en papel en una caja fuerte o digitalmente cifrados en un medio separado.

Diferentes métodos de 2FA ofrecen distintos niveles de seguridad:
- 2FA basada en SMS: vulnerable a ataques de SIM swapping
- 2FA basada en aplicaciones: mayor seguridad mediante generación local de códigos

Token de hardware [i5]

- Token de hardware: máxima seguridad mediante separación física

La implementación de la 2FA debe realizarse de manera sistemática. Primero, active la 2FA para su cuenta de correo electrónico, ya que esta a menudo sirve como opción de respaldo para otros servicios. Luego, implemente la 2FA para sus intercambios de criptomonedas y servicios de billetera. Pruebe el proceso de recuperación antes de manejar sumas mayores. La combinación de una clave privada bien protegida y la 2FA crea un sistema de seguridad robusto. La clave privada controla el acceso a sus criptomonedas, mientras que la 2FA asegura el acceso a plataformas de comercio y billeteras en línea. Esta arquitectura de seguridad en múltiples capas dificulta considerablemente la intrusión de atacantes. Las aplicaciones de autenticación modernas ofrecen funciones adicionales como copias de seguridad en la nube cifradas o la sincronización entre varios dispositivos. Sin embargo, estas funciones de conveniencia también conllevan riesgos. Las copias de seguridad en la nube podrían ser comprometidas, y la sincronización abre nuevos vectores de ataque. Pese cuidadosamente entre la facilidad de uso y la seguridad. La revisión regular de su configuración de 2FA es parte de la higiene digital. Elimine los enlaces de 2FA que ya no utilice, actualice sus aplicaciones de autenticación y verifique las opciones de respaldo almacenadas. Documente sus procesos de configuración de 2FA para emergencias, de modo que las personas autorizadas puedan acceder a sus activos digitales en caso de necesidad.

SIM-Swapping

Un método de fraude en el que los criminales obtienen el control de la tarjeta SIM de una víctima para acceder a sus cuentas en línea e información financiera, incluidas las criptomonedas.

Copia de seguridad en la nube

Un método de respaldo de datos en el que los datos se almacenan en un servidor remoto. Esto puede permitir el acceso a los datos desde diferentes dispositivos, pero también conlleva riesgos de seguridad si el proveedor de la nube es comprometido.

Token de hardware

Un pequeño dispositivo físico que genera contraseñas de un solo uso y se utiliza como segundo factor para la autenticación. Ofrece una mayor seguridad que los métodos de 2FA basados en software.

Vector de ataque

Un método o camino que un atacante puede utilizar para comprometer un sistema o red. La sincronización de datos entre varios dispositivos puede abrir nuevos vectores de ataque, ya que cada dispositivo representa una posible puerta de entrada para los atacantes.

Comparación de seguridad del método 2FA

Niveles de seguridad de diferentes métodos 2FA.

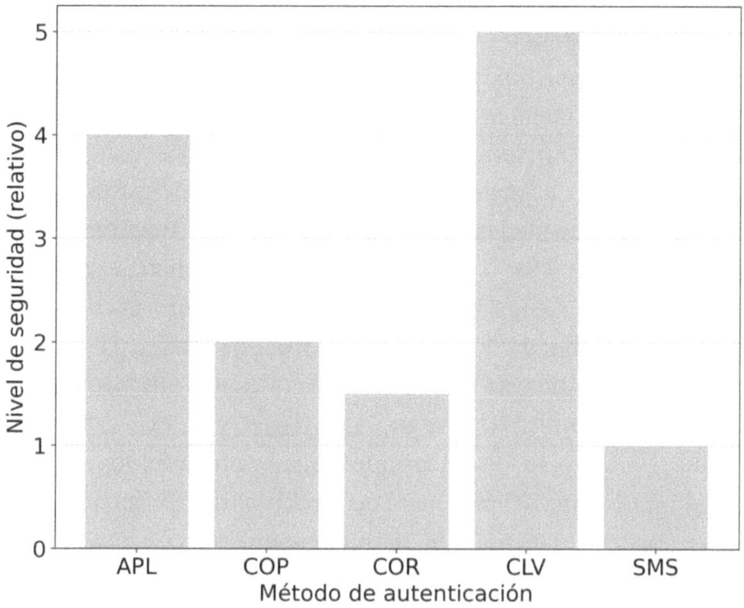

APL: Aplicación de autenticación

COP: Códigos de respaldo

SMS: Mensaje SMS

CLV: Clave de hardware

COR: Correo electrónico verificación

La 2FA basada en SMS, aunque conveniente, ofrece la menor seguridad debido a vulnerabilidades como el intercambio de SIM. Las aplicaciones de autenticación proporcionan un nivel de seguridad significativamente mayor, mientras que las llaves de hardware representan la opción más segura debido a su naturaleza física y resistencia a los ataques de phishing. Aunque los códigos de respaldo ofrecen una opción de recuperación, su naturaleza inherentemente fuera de línea los hace menos seguros que las soluciones basadas en aplicaciones o hardware.

Copia de Seguridad

La copia de seguridad protege sus criptomonedas de la pérdida debido a fallos técnicos, errores humanos o ataques. Un respaldo de su billetera y los datos asociados permite la recuperación de su patrimonio cripto. Diferentes estrategias de respaldo ofrecen varios niveles de seguridad y comodidad. Un procedimiento común es la copia de seguridad de la seed_phrase, una secuencia de 12, 18 o 24 palabras que codifica toda la información de su billetera. Anote esta secuencia de palabras fuera de línea, por ejemplo, a mano en papel o mediante grabado en metal. Varias copias, almacenadas en diferentes lugares seguros, como cajas de seguridad en bancos o con familiares de confianza, minimizan el riesgo de pérdida. Asegúrese de proteger esta información contra el acceso no autorizado, la humedad y el fuego. Una caja de seguridad ofrece una buena protección, mientras que un simple papel en la billetera conlleva un alto riesgo. Las billeteras de software suelen ofrecer una función de respaldo que genera un archivo con todos los datos de la billetera. Almacene este archivo de forma cifrada en un dispositivo externo que no esté permanentemente conectado a Internet. Un USB guardado en una caja fuerte es una solución práctica. Asegúrese de que el dispositivo en sí esté protegido contra daños. Realizar copias de seguridad regularmente, por ejemplo, mensualmente o después de cada transacción importante, garantiza que en caso de pérdida solo se produzcan pérdidas mínimas. Las billeteras de hardware generan al configurarse una frase de recuperación, similar a la frase semilla de las billeteras de software. Almacene esta frase de manera analógica y segura. Algunas billeteras de hardware ofrecen funciones de seguridad adicionales, como un PIN o frase de paso. Documente esta información cuidadosamente y guárdela separada de la frase de recuperación. Las copias de seguridad basadas en la nube ofrecen comodidad, pero también conllevan riesgos. Elija un proveedor de confianza con fuerte cifrado y zweifaktorauthentifizierung. Revise regularmente las políticas de seguridad del proveedor y active todas las opciones de seguridad disponibles. Pruebe la recuperación desde la copia de seguridad regularmente para asegurarse de que tiene acceso a sus criptomonedas en caso de emergencia. Solo una copia de seguridad probada con éxito garantiza la recuperación de su patrimonio. Actualice sus copias de seguridad regularmente, especialmente después de transacciones importantes o cambios en su billetera. Una copia de seguridad obsoleta puede ser inútil en caso de emergencia. La combinación de diferentes métodos de copia de seguridad maximiza la seguridad. Por ejemplo, podría almacenar su frase semilla fuera de línea y, además, crear una copia de seguridad cifrada de su archivo de billetera en un dispositivo externo. Una copia adicional de la frase semilla en un lugar seguro y separado ofrece redundancia adicional. La planificación y ejecución cuidadosa de su estrategia de copia de seguridad es fundamental para la seguridad de sus criptomonedas. Invierta tiempo y esfuerzo en seleccionar los métodos adecuados y en realizar las copias de seguridad de manera regular. Solo así garantizará la protección a largo plazo de su patrimonio digital. La protección de sus datos es una tarea continua que requiere atención regular. Integre la creación y verificación de copias de seguridad en sus rutinas para garantizar de manera sostenible la seguridad de sus criptomonedas. Una copia de seguridad bien planificada y realizada regularmente es el mejor seguro contra la pérdida de sus valores digitales.

Caja de seguridad [i6]

Bueno saber

Frase de Paso

Una contraseña más larga que, en combinación con la frase semilla o la frase de recuperación, aumenta la seguridad de la billetera.

Frase de Recuperación

Similar a la frase semilla, se utiliza para recuperar una billetera de hardware. Debe ser almacenada de forma segura y fuera de línea.

Billetera de Hardware

Dispositivos físicos diseñados específicamente para almacenar de forma segura claves privadas. Ofrecen un mayor nivel de seguridad que las billeteras de software, ya que funcionan sin conexión.

Billetera de Software

Billeteras digitales que se instalan como un programa en una computadora o smartphone. Ofrecen mayor comodidad en comparación con las billeteras de hardware, pero son más vulnerables al malware.

Copias de Seguridad Basadas en la Nube

Copias de seguridad almacenadas en un servicio de almacenamiento en línea. Ofrecen comodidad, pero también conllevan el riesgo de pérdida o robo de datos si el proveedor es comprometido.

Fiabilidad de la copia de seguridad

Comparación de la fiabilidad del método de copia de seguridad para las carteras de criptomonedas.

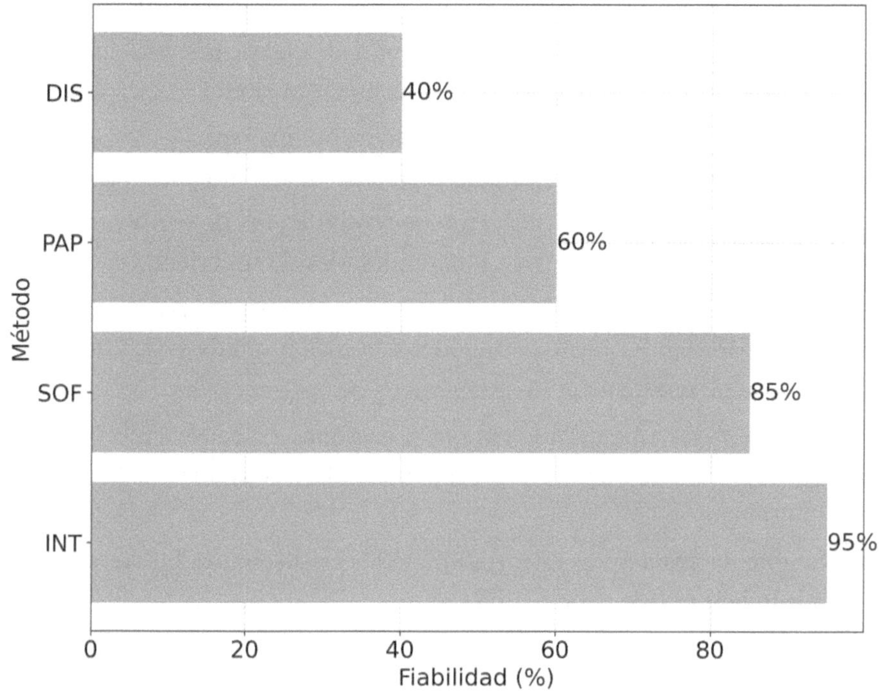

DIS: Cartera de hardware

PAP: Cartera de papel

INT: Cartera de intercambio

SOF: Cartera de software

Las carteras de hardware demuestran la mayor fiabilidad, seguidas de las carteras de papel. Las carteras de software y de intercambio muestran una menor fiabilidad, lo que destaca la importancia de elegir métodos de copia de seguridad adecuados para el almacenamiento seguro de criptomonedas.

Consejos concretos

- Elabore un protocolo de seguridad personal para sus criptomonedas y actualícelo regularmente.
- Almacene su frase semilla como un archivo de audio cifrado y distribúyalo en varios dispositivos de almacenamiento seguros.
- Utilice un gestor de contraseñas que esté especialmente optimizado para claves criptográficas y que pueda usarse sin conexión.
- Cree una billetera de engaño con cantidades pequeñas para proteger sus activos principales en caso de acceso forzado.
- Establezca un protocolo de emergencia con una persona de confianza para acceder a sus criptomonedas en caso de que no pueda actuar.
- Revise regularmente el firmware de sus billeteras de hardware en busca de actualizaciones y vulnerabilidades de seguridad.
- Practique la recuperación de sus billeteras a partir de copias de seguridad regularmente para poder reaccionar rápida y seguramente en caso de emergencia.
- Utilice un sistema aislado para transacciones especialmente sensibles, como un ordenador que nunca haya estado conectado a Internet.
- Segmenta sus activos en criptomonedas en diferentes billeteras para minimizar el riesgo de pérdida total.
- Deje información importante sobre sus criptomonedas cifrada con un notario o abogado.
- Desarrolle un sistema de sumas de verificación para sus claves privadas y frases semilla, para detectar manipulaciones a tiempo.
- Infórmese sobre el marco legal de las criptomonedas en su país y documente sus activos en consecuencia.

Revisión - 1. Fundamentos de las Criptomonedas

La comprensión del mundo de las criptomonedas comienza con los fundamentos. La blockchain, el registro descentralizado de transacciones, forma la base. Imagine un libro de contabilidad digital que es mantenido por muchas computadoras en todo el mundo y cuyos registros son inalterables. Esta descentralización aumenta la seguridad y la transparencia, ya que ninguna institución única tiene el control. Como futuro usuario de criptomonedas, debe familiarizarse con los diferentes tipos de blockchain y sus características específicas, como la escalabilidad y la velocidad de transacción. Investigue la tecnología subyacente de varios proyectos para poder evaluar mejor su potencial y riesgos.

Las redes descentralizadas, que son el corazón de las criptomonedas, permiten transacciones de igual a igual, es decir, el intercambio directo de valores sin intermediarios. Esto reduce los costos de transacción y aumenta la velocidad. Sin embargo, tenga en cuenta que la descentralización también presenta desafíos. El mecanismo de consenso, que asegura la concordancia de todos los participantes en la red, es crucial para la seguridad y la eficiencia. Infórmese sobre los diferentes mecanismos de consenso, como Proof-of-Work o Proof-of-Stake, y sus respectivas ventajas y desventajas, especialmente en términos de consumo de energía y escalabilidad. Compare las tarifas y velocidades de transacción de diferentes criptomonedas para encontrar la solución óptima para sus necesidades.

El almacenamiento seguro de sus criptomonedas requiere una billetera digital, conocida como wallet. Existen diferentes tipos de wallets, desde wallets de software en su computadora hasta wallets de hardware que almacenan sus claves privadas sin conexión. La elección de la wallet adecuada depende de sus necesidades de seguridad individuales y su experiencia. Para principiantes, son adecuadas las wallets de software fáciles de usar, mientras que los usuarios experimentados e inversores con mayores cantidades deberían optar por wallets de hardware. Independientemente de la elección de su wallet, es de suma importancia asegurar sus claves privadas y su frase semilla. Almacene esta información sin conexión en varios lugares seguros para mantener el acceso a sus criptomonedas en caso de pérdida o robo de sus dispositivos. En cualquier caso, active la autenticación de dos factores para garantizar una protección adicional contra accesos no autorizados. Manténgase siempre alerta ante intentos de phishing y nunca comparta sus claves privadas en sitios web inseguros o con terceros desconocidos.

La formación de precios de las criptomonedas se ve influenciada por la compleja interacción de la oferta y la demanda, el sentimiento del mercado, los desarrollos técnicos y los factores macroeconómicos. La cantidad total limitada de muchas criptomonedas, como Bitcoin, contribuye a la estabilidad de precios, mientras que las noticias, las redes sociales y el clima económico general pueden influir en la demanda. Observe el volumen de comercio y la capitalización de mercado para desarrollar una mejor comprensión de la dinámica del mercado. Diversifique su cartera para minimizar el riesgo e infórmese continuamente sobre nuevos desarrollos y tendencias en el mercado de criptomonedas. El mercado de criptomonedas ofrece oportunidades emocionantes, pero también requiere una comprensión sólida de la tecnología subyacente y de los mecanismos del mercado.

Entrar en el mundo de las criptomonedas puede parecer inicialmente complejo, pero con el conocimiento adecuado y las herramientas adecuadas, puede aprovechar las oportunidades de esta tecnología innovadora. Invierta tiempo en su educación, investigue cuidadosamente y actúe con prudencia. El mundo de las criptomonedas está en constante evolución: manténgase curioso y abierto a lo nuevo para descubrir todo el potencial de esta emocionante tecnología.

2. Comercio de Criptomonedas

Cada día se mueven miles de millones en los mercados de criptomonedas, pero ¿cómo se logra una entrada rentable en este mercado dinámico? Los sistemas de comercio digitales han revolucionado las reglas tradicionales de las bolsas y abren posibilidades completamente nuevas para los participantes activos del mercado. Los comerciantes profesionales utilizan métodos sofisticados para identificar oportunidades y limitar pérdidas. El comercio exitoso de criptomonedas se basa en principios claros y decisiones sistemáticas que van mucho más allá de la simple compra y venta. En este capítulo, revelamos los factores decisivos que determinan la ganancia o la pérdida.

2. 1 Estrategias Comerciales

Las estrategias comerciales en el mercado de criptomonedas determinan el éxito o el fracaso. Esta sección aborda las estrategias más importantes, desde inversiones a largo plazo hasta el comercio diario rápido y la diversificación de carteras. Se examinan las respectivas oportunidades y riesgos, se destacan los desafíos específicos y se enfatiza la importancia de tomar decisiones fundamentadas en el volátil entorno de las criptomonedas. Descubra cómo puede desarrollar y optimizar su estrategia individual.

Las estrategias de comercio de criptomonedas exitosas, ya sean a largo o corto plazo, requieren una comprensión profunda de los mecanismos del mercado, gestión de riesgos y una adaptación continua a las condiciones dinámicas del mercado.

Inversión a Largo Plazo

Las inversiones a largo plazo en criptomonedas se diferencian de las estrategias de comercio a corto plazo por su enfoque en el potencial de crecimiento a largo plazo, en lugar de aprovechar las fluctuaciones de precios a corto plazo. La selección de los instrumentos de inversión es crucial. Mientras que algunas monedas digitales se consideran una cobertura contra los riesgos del mercado, estudios han demostrado que las criptomonedas, en general, no ofrecen un refugio seguro para los mercados de acciones internacionales y pueden incluso aumentar el riesgo a la baja [s5]. Una asignación en ciertas monedas digitales puede, en algunos casos, reducir el riesgo, pero conlleva riesgos adicionales y no es adecuada a largo plazo como cobertura contra caídas del mercado [s5]. Ni los metales preciosos ni las monedas digitales son adecuados como instrumentos de cobertura en el mercado de acciones, observándose asimetrías negativas, especialmente en mercados bajistas [s6]. Por lo tanto, el análisis de la relación entre las inversiones financieras debe distinguir entre rendimientos positivos y negativos, especialmente en tiempos de crisis [s6]. Para los inversores a largo plazo, la diversificación es un aspecto importante. Aunque los activos digitales y las fuentes de energía sostenibles ofrecen oportunidades de diversificación, en condiciones de mercado extremas, la correlación entre ellos aumenta, lo que reduce la diversificación [s7]. Por lo tanto, es necesario un análisis dinámico de las interrelaciones a través de diferentes cuantiles para comprender completamente las oportunidades de diversificación [s7]. Los inversores también deben considerar los diferentes impactos de las monedas digitales en varios grupos de inversores [s8]. Para algunos grupos, el pooling puede ser más ventajoso que la diversificación, mientras que para otros es lo contrario [s8]. Por ejemplo, los inversores institucionales con un horizonte de inversión a largo plazo podrían beneficiarse de estrategias de pooling, mientras que

los pequeños inversores privados deberían optar más por la diversificación para mitigar su riesgo. La consideración de estos factores y un análisis cuidadoso de las condiciones del mercado son esenciales para las estrategias de inversión a largo plazo en el mercado de criptomonedas.

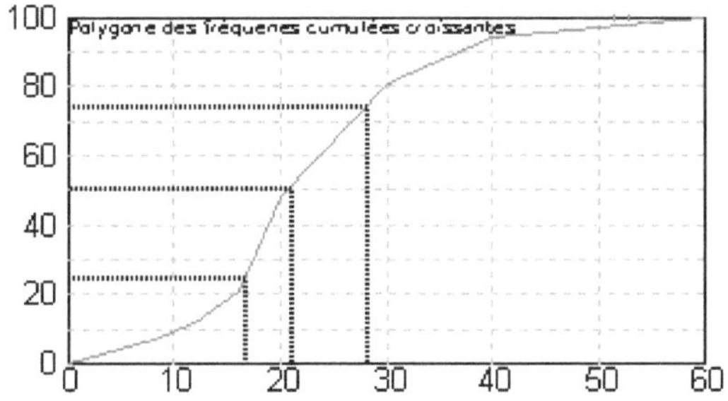

Cuantil [i7]

Bueno saber

Asignación

La distribución de inversiones en diferentes clases de activos, como Bitcoin, Ethereum u otras criptomonedas, para diversificar el riesgo y optimizar el rendimiento.

Asimetría

Reacciones desiguales de las criptomonedas a movimientos de mercado positivos y negativos. Por ejemplo, una criptomoneda puede reaccionar más fuertemente a las pérdidas de precios que a las ganancias de precios.

Correlación

La relación estadística entre el desarrollo de precios de dos o más criptomonedas. Una alta correlación significa que los precios se desarrollan de manera similar.

Diversificación

La distribución del capital de inversión en diferentes criptomonedas para minimizar el riesgo de pérdidas por caídas de precios de monedas individuales.

Mercado Bajista

Un mercado bajista es un estado en el que los precios de las criptomonedas caen durante un período prolongado, a menudo acompañado de sentimientos de mercado pesimistas y volúmenes de comercio decrecientes.

Crecimiento de la Inversión en Bitcoin a Largo Plazo

Crecimiento ilustrativo de una inversión hipotética en Bitcoin a lo largo del tiempo.

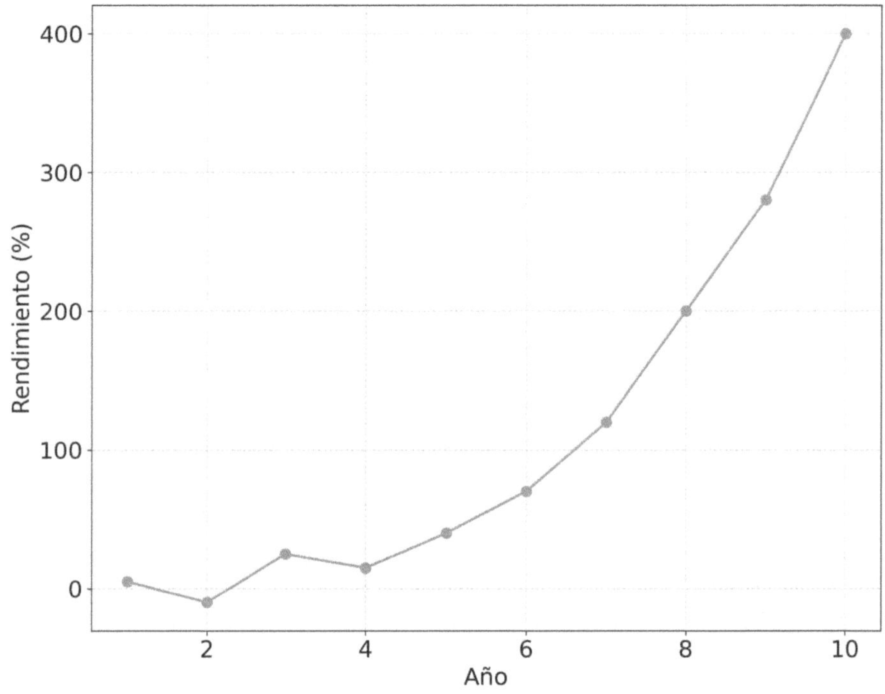

Este gráfico muestra el potencial de rendimientos significativos con una estrategia de inversión en Bitcoin a largo plazo. Si bien el crecimiento inicial es lento, el efecto compuesto conduce a ganancias sustanciales en los últimos años. Esto destaca la importancia de la paciencia y la visión a largo plazo en la inversión en criptomonedas. Sin embargo, es crucial recordar que el rendimiento pasado no es indicativo de resultados futuros, y las inversiones en criptomonedas conllevan riesgos inherentes.

Comercio Diario

El comercio diario con criptomonedas se centra en aprovechar las fluctuaciones de precios a corto plazo dentro de un día. A diferencia de la inversión a largo plazo, que se enfoca en un horizonte temporal más extenso, el comercio intradía requiere una supervisión activa de los mercados y reacciones rápidas a los cambios de precios. Factores decisivos para el éxito son, además de un conocimiento sólido del mercado, la elección de la plataforma de comercio adecuada y el uso de herramientas de análisis apropiadas. Indicadores técnicos, como promedios móviles o el volumen de comercio, pueden ayudar a identificar tendencias y posibles puntos de entrada o salida. La combinación de diferentes modelos, como se utiliza en los métodos de conjunto del aprendizaje automático, puede mejorar las decisiones comerciales y, por ende, aumentar la rentabilidad. Un trader podría, por ejemplo, utilizar un modelo de conjunto que se base tanto en cambios de precios a corto plazo como en el sentimiento general del mercado para generar señales de compra y venta. La gestión del riesgo es esencial en el comercio diario. Establecer límites de stop-loss para limitar pérdidas y la cuidadosa determinación del tamaño de las posiciones son imprescindibles para proteger el capital. El comercio con productos apalancados, que pueden multiplicar ganancias y pérdidas, debe ser considerado solo por traders experimentados con un profundo entendimiento de los riesgos involucrados. La volatilitaet del mercado de criptomonedas ofrece oportunidades para altas ganancias, pero también conlleva riesgos significativos de pérdida. Por lo tanto, la educación continua y la adaptación de la estrategia comercial a las condiciones cambiantes del mercado son cruciales para el éxito a largo plazo en el comercio diario.

Bueno saber

Comercio intradía

Se refiere al comercio de activos (como criptomonedas) dentro de un solo día de negociación. Las posiciones se abren y cierran el mismo día.

Determinación del tamaño de las posiciones

La decisión de cuánto capital invertir en una criptomoneda específica. Es crucial para la gestión del riesgo.

Indicadores técnicos

Cálculos matemáticos basados en el precio y/o volumen de una criptomoneda que sirven para identificar tendencias, niveles de soporte y resistencia, así como posibles puntos de reversión.

Plataforma de comercio

Una plataforma en línea que permite a los usuarios comprar y vender criptomonedas. Ofrece diversas funciones como libros de órdenes, gráficos y herramientas de análisis.

Productos apalancados

Instrumentos financieros que permiten a los traders controlar posiciones más grandes en criptomonedas con una menor inversión de capital. Amplifican tanto las ganancias como las pérdidas.

Promedios móviles

Un indicador técnico que calcula el precio promedio de una criptomoneda durante un período específico. Suaviza las fluctuaciones de precios y ayuda a identificar tendencias.

Estrategias de Trading Intradia (Cripto)

Potencial de ganancia vs. riesgo de las estrategias de trading intradia de criptomonedas, dimensionadas por volumen de trading.

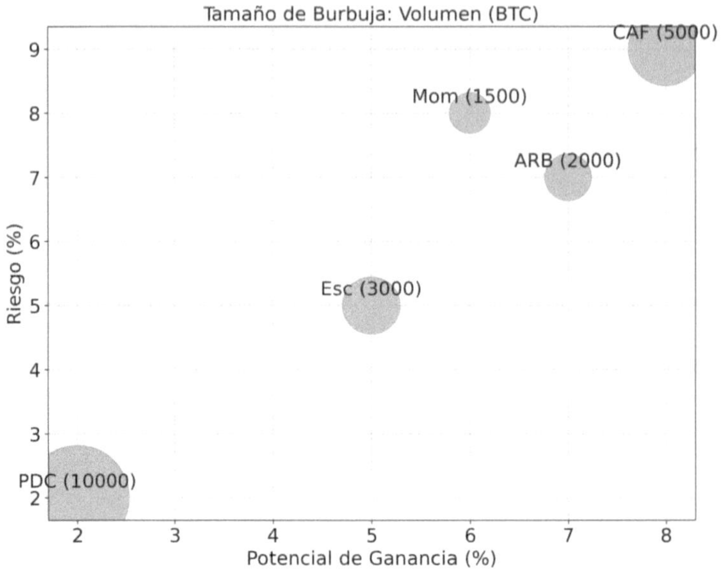

Blasengröße: Volumen (BTC)

ARB: Arbitraje

CAF: Trading de Alta Frecuencia

Esc: Scalping

Mom: Trading de Momentum

PDC: Promedio del Costo en Dólares

El trading de alta frecuencia (CAF) y el arbitraje ofrecen un alto potencial de ganancia, pero también conllevan un riesgo significativo. El scalping presenta un equilibrio entre riesgo y ganancia moderados. Si bien el promedio del costo en dólares (PDC) tiene un menor potencial de ganancia y riesgo, su mayor volumen sugiere una adopción más amplia. Esto indica que los traders a menudo priorizan las estrategias de menor riesgo, particularmente en mercados volátiles como las criptomonedas.

Diversificación de la Cartera

La diversificación de la cartera en el ámbito de las criptomonedas significa distribuir el capital de inversión en diferentes criptomonedas y otras clases de activos para minimizar el riesgo total. En lugar de invertir todos los fondos en una sola moneda, se distribuyen estratégicamente para amortiguar posibles pérdidas debido a la caída del precio de monedas individuales. Así, un inversor podría destinar una parte de su capital a criptomonedas establecidas como Bitcoin o Ethereum, otra parte a llamados altcoins con mayor potencial de crecimiento y una tercera parte a clases de activos completamente diferentes como acciones, bonos o materias primas. Esta amplia dispersión reduce la dependencia del rendimiento de activos individuales. Aunque las criptomonedas pueden servir como cobertura contra diversos riesgos como acciones, monedas fiat o incertidumbres geopolíticas, estas características cambian con el tiempo. [s9] Por lo tanto, es aconsejable considerar, además de las criptomonedas, otras clases de activos como oro, petróleo crudo o el mercado de carbono europeo para proteger la cartera contra fluctuaciones inesperadas del mercado. [s9] También los stablecoins, que están vinculados a monedas fiat, pueden contribuir a la diversificación, aunque su estabilidad no siempre está garantizada y debe ser evaluada críticamente. [s9] Una

Bono [i8]

Oro [i9]

cartera diversificada no solo puede reducir el riesgo, sino también

mejorar las oportunidades de rendimiento y disminuir la volatilidad total de la cartera. [s9] Es esencial revisar y ajustar regularmente la composición de la cartera según la tolerancia al riesgo individual y la situación del mercado. Una cartera bien diversificada debe incluir diferentes clases de activos, criptomonedas con diferentes capitalizaciones de mercado y tecnologías, así como diversas estrategias de inversión. - Por ejemplo, una parte de la cartera puede destinarse a inversiones a largo plazo en proyectos establecidos, mientras que otra parte se utiliza para operaciones a corto plazo y aprovechar las fluctuaciones de precios. - La ponderación de las posiciones individuales debe ajustarse a la tolerancia al riesgo correspondiente.

Petróleo crudo [i10]

Acción [i11]

Bueno saber

Altcoins

Criptomonedas alternativas a Bitcoin que a menudo ofrecen mayores potenciales de crecimiento, pero también mayores riesgos.

Capitalización de Mercado

El valor total de todas las unidades en circulación de una criptomoneda. Se calcula multiplicando el precio actual por el número total de monedas y sirve como indicador del tamaño y la importancia de una criptomoneda.

Diversificación de la Cartera

Una estrategia para reducir el riesgo, donde las inversiones se distribuyen en diferentes criptomonedas y otras clases de activos para minimizar el impacto de las pérdidas en un solo activo.

Monedas Fiat

Monedas tradicionales emitidas por el estado, como el dólar estadounidense, el euro o el yen. No están respaldadas por bienes físicos como el oro.

Ejemplo de diversificación de portafolio de criptomonedas

Asignación diversificada de portafolio de criptomonedas.

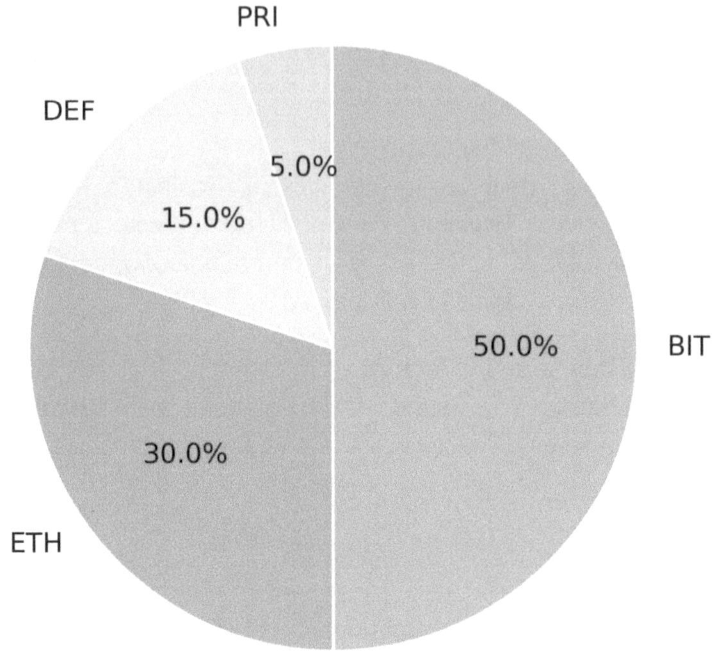

BIT: Bitcoin

ETH: Ethereum

DEF: Token DeFi

PRI: Moneda de privacidad

Este portafolio prioriza Bitcoin (BIT) como base, balanceándolo con Ethereum (ETH) para la exposición a contratos inteligentes. Asignaciones más pequeñas a un token de finanzas descentralizadas (DeFi) y una moneda centrada en la privacidad agregan diversificación en diferentes sectores dentro del mercado de criptomonedas. Esta estrategia busca una combinación de estabilidad y potencial de crecimiento al tiempo que mitiga el riesgo al evitar la concentración excesiva en un solo activo.

Consejos concretos

- Utilice los exploradores de blockchain para observar grandes transacciones y sacar conclusiones sobre posibles movimientos del mercado.
- Cree una red de fuentes de información confiables para contrarrestar noticias falsas y manipulaciones del mercado de manera temprana.
- Defina criterios claros de salida para sus inversiones, tanto para la toma de ganancias como para la limitación de pérdidas, y manténgase fiel a ellos.
- Simule diferentes escenarios de mercado (crash, auge, movimiento lateral) y pruebe cómo reacciona su estrategia ante ellos.
- Analice la influencia de las noticias y las redes sociales en el desarrollo de precios y desarrolle una estrategia para utilizar esta información de manera efectiva.
- Observe el desarrollo del volumen total del mercado para evaluar el sentimiento general del mercado e identificar posibles puntos de inflexión.
- Siga las actividades de los desarrolladores y sus contribuciones de código a proyectos de código abierto para descubrir proyectos innovadores de manera temprana.
- Familiarícese con el funcionamiento de los oráculos descentralizados y evalúe su influencia en la formación de precios de los criptoactivos.
- Desarrolle una estrategia para manejar forks y airdrops, con el fin de aprovechar oportunidades potenciales y minimizar riesgos.
- Revise regularmente los fundamentos de los proyectos en los que ha invertido para validar su estrategia de inversión.
- Adquiera experiencia gradualmente en el comercio con pequeñas cantidades antes de realizar inversiones mayores.

2. 2 Mercados de Intercambio

Las plataformas de comercio de criptomonedas permiten la compra y venta de criptomonedas y ofrecen diversas opciones para acceder a este mercado. Las bolsas centralizadas (CEX) ofrecen alta liquidez y un acceso simplificado, pero conllevan riesgos como el hacking y la insolvencia. Las bolsas descentralizadas (DEX) y el comercio directo (P2P) aumentan el control sobre los propios activos, pero presentan desafíos en términos de liquidez, seguridad y formación de precios. Descubra en este capítulo qué plataforma se adapta mejor a sus necesidades y cómo navegar de manera óptima las oportunidades y riesgos asociados.

La elección del intercambio de criptomonedas adecuado (CEX, DEX, P2P) depende de las prioridades individuales: seguridad vs. control, funcionalidad vs. anonimato, volumen de comercio vs. flexibilidad. Es esencial una cuidadosa evaluación de las ventajas y desventajas.

Plataformas de intercambio centralizadas

Las plataformas de intercambio centralizadas (CEX) funcionan como mercados en línea para criptomonedas, actuando como intermediarios entre compradores y vendedores [s10]. Permiten el intercambio de fiatwaehrungen, como el euro o el dólar estadounidense, por criptomonedas y viceversa [s10]. Esta función simplifica el acceso a activos digitales para un amplio público. Al agrupar la oferta y la demanda, los CEX suelen ofrecer una alta liquidez, lo que permite transacciones rápidas y eficientes [s10]. Otro aspecto es el cumplimiento de requisitos regulatorios, que pueden variar según la jurisdicción. Esta regulación puede fortalecer la confianza de los usuarios, pero también conlleva mayores costos para los operadores [s10]. Además de las ventajas, los CEX también conllevan riesgos. Estos incluyen riesgos de seguridad, como ataques de hacking, que pueden resultar en la pérdida de fondos de los usuarios [s10]. La centralización de los activos en la plataforma representa un objetivo atractivo para los ciberdelincuentes. También, la mala gestión financiera por parte del operador puede llevar a pérdidas [s10]. Un punto central es la necesidad de confiar los activos al CEX. Esta pérdida de control aumenta el riesgo de fraude o insolvencia del proveedor [s10]. Si el CEX se vuelve insolvente, los usuarios pueden tener dificultades para recuperar sus fondos. Aunque los CEX ofrecen un entorno de comercio estable y una infraestructura tecnológica avanzada [s11] [s10], los riesgos asociados deben ser cuidadosamente considerados. Considere, por ejemplo, mantener una parte de sus activos criptográficos en una billetera offline segura para minimizar el riesgo de pérdidas debido a problemas específicos de la plataforma. El uso estratégico de las fluctuaciones del mercado para mejorar la liquidez y la oferta de derivados y estrategias de cobertura [s11] son atractivos, pero no deben desviar la atención de los aspectos de seguridad fundamentales.

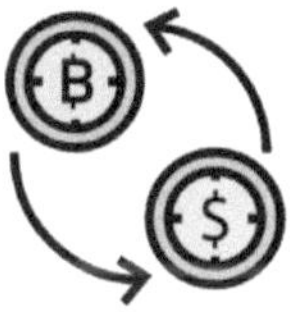

Bueno saber

Derivados

Los derivados son instrumentos financieros cuyo valor se deriva de un activo subyacente, como una criptomoneda. Permiten a los comerciantes especular sobre los movimientos de precios sin poseer el activo subyacente. Ejemplos de derivados son los futuros y las opciones.

Estrategias de cobertura

Las estrategias de cobertura (Hedging) sirven para minimizar el riesgo de pérdidas debido a cambios en los precios. Los comerciantes utilizan diversos instrumentos y técnicas para protegerse contra movimientos desfavorables del mercado.

Liquidez

La liquidez se refiere a la capacidad de convertir un activo rápidamente y sin dificultad en efectivo, sin afectar significativamente el precio. Una alta liquidez significa que hay muchos compradores y vendedores y que las transacciones pueden realizarse rápidamente.

Volumen de negociación de Exchange centralizado

Comparación de volumen diario de BTC

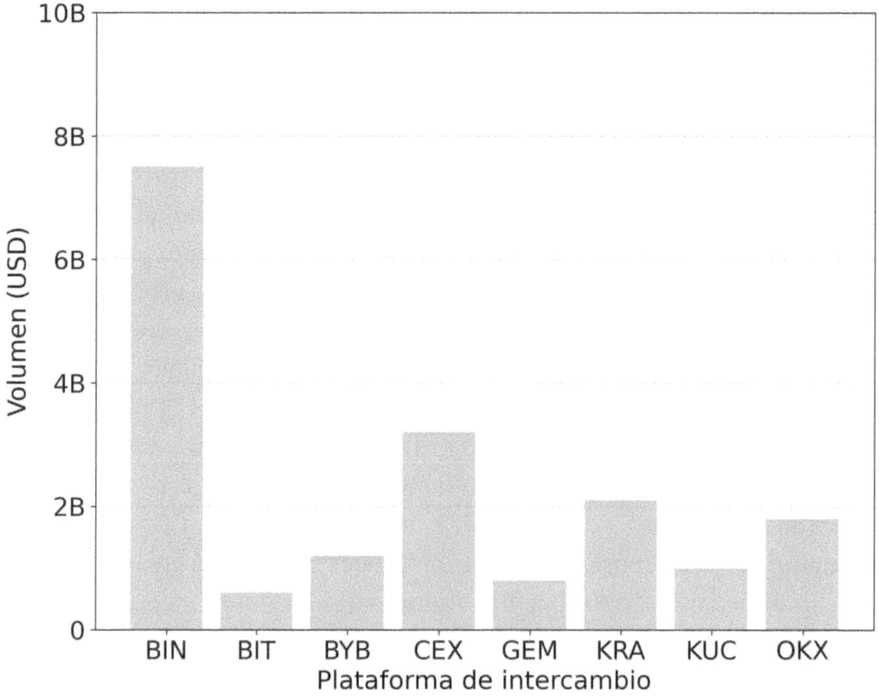

BIN: Binance

BIT: Bitstamp

BYB: Bybit

CEX: Coinbase Exchange

GEM: Gemini

KRA: Kraken

KUC: KuCoin

OKX: OKX

Binance domina el volumen de negociación, lo que indica una alta liquidez y actividad de los usuarios. Coinbase y Kraken también tienen una cuota de mercado significativa, mientras que las plataformas de intercambio más pequeñas como Gemini y Bitstamp representan una porción menor, aunque todavía relevante, del panorama general del comercio de Bitcoin. Esta concentración destaca la importancia de estas plataformas en el descubrimiento de precios y la estabilidad del mercado.

Bolsas Descentralizadas

Las bolsas descentralizadas (DEX) tienen como objetivo permitir el comercio de criptomonedas sin intermediarios. A diferencia de las plataformas centralizadas, los usuarios gestionan sus claves privadas y comercian directamente entre sí [s12]. Esto significa que no hay una instancia central que controle los fondos o los datos, lo que reduce la vulnerabilidad a ataques de hackers y los riesgos derivados de la insolvencia del operador de la bolsa. Las DEX suelen basarse en tecnología blockchain y utilizan smart_contracts para procesar transacciones de manera automática y transparente. Un usuario que valore el control total sobre sus activos digitales podría preferir una DEX para el comercio. Sin embargo, a pesar del enfoque descentralizado, algunas DEX han adoptado prácticas de intermediación tradicionales [s12]. Esto puede comprometer la transparencia y la seguridad que deberían ser prioritarias. Por lo tanto, es aconsejable informarse sobre la arquitectura y el funcionamiento de una DEX antes de utilizarla. Las autoridades regulatorias están considerando la introducción de requisitos de registro para intermediarios de monedas digitales [s12]. Tales medidas podrían mejorar la protección del inversor y fortalecer la integridad del mercado, pero también podrían influir en la naturaleza descentralizada de las DEX. El desarrollo de este marco regulatorio y sus efectos sobre las DEX deben ser seguidos atentamente por los usuarios. Otro aspecto de las bolsas descentralizadas es la liquiditaet a menudo menor en comparación con las CEX. Esto puede llevar a mayores desviaciones de precios y tiempos de transacción más largos. La elección de la plataforma de comercio adecuada, ya sea centralizada o descentralizada, depende en última instancia de las prioridades y necesidades individuales del usuario: seguridad frente a funcionalidad y volumen de comercio. Por lo tanto, es esencial sopesar cuidadosamente las ventajas y desventajas de cada opción.

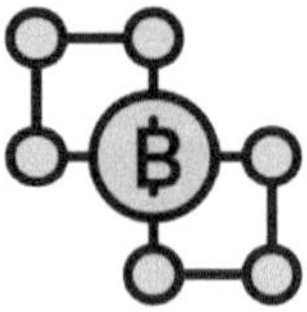

Bueno saber

Prácticas de intermediación

Las prácticas de intermediación se refieren a las actividades de intermediarios o agentes en un mercado. En el contexto de las bolsas descentralizadas (DEX), las prácticas de intermediación pueden comprometer la transparencia y la seguridad, ya que pueden socavar la naturaleza descentralizada de la plataforma.

Comparación del volumen de negociación de DEX

Comparación del volumen de negociación diario en DEX populares.

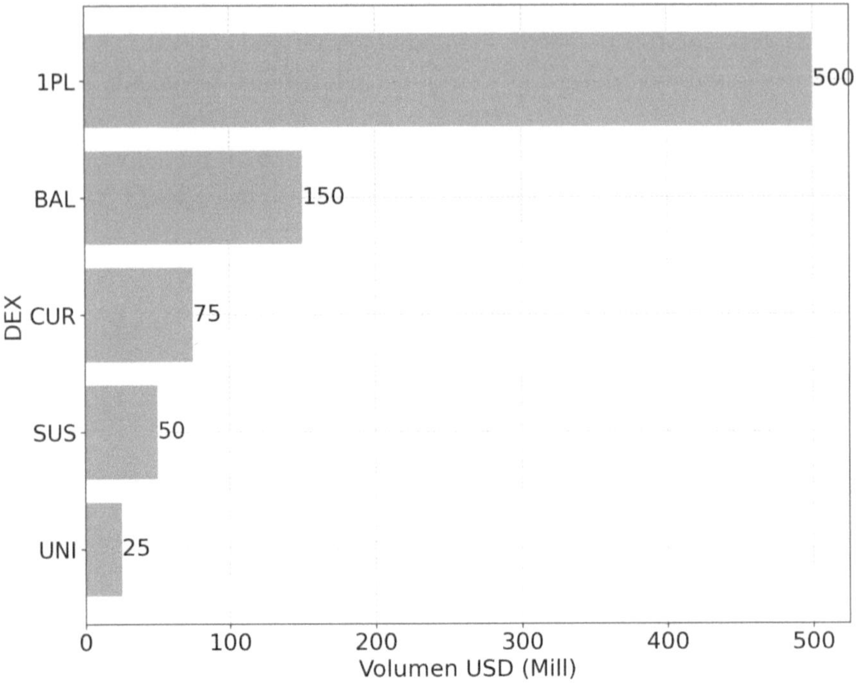

1PL: 1pulgada

BAL: Balanceador

CUR: Curva

SUS: SushiSwap

UNI: Uniswap

Uniswap domina el panorama DEX con un volumen de negociación significativamente mayor en comparación con otras plataformas. SushiSwap ocupa una respetable segunda posición, mientras que los DEX restantes experimentan una actividad comercial considerablemente menor, lo que indica una participación de mercado concentrada entre los principales actores.

Comercio Directo

El comercio directo, también conocido como comercio entre pares (P2P), permite el intercambio de criptomonedas sin la participación de una entidad central como un intercambio. Los compradores y vendedores interactúan directamente entre sí, a menudo a través de plataformas P2P o foros especializados. Estas plataformas generalmente ofrecen funciones como servicios de custodia para garantizar la seguridad de las transacciones. Una ventaja del comercio directo es el mayor control sobre los propios activos. Los usuarios gestionan sus claves privadas y no tienen que confiar sus criptomonedas a un tercero. Esto reduce el riesgo de pérdidas debido a ataques de hackers a intercambios o su quiebra. Además, el comercio directo a menudo ofrece opciones de pago más flexibles. Los compradores y vendedores pueden acordar diferentes métodos de pago, desde transferencias bancarias hasta servicios de pago en línea o efectivo. Esto puede ser especialmente beneficioso en regiones con acceso limitado a servicios financieros tradicionales. Otro aspecto es la posible fijación de precios. A través de negociaciones directas, los compradores y vendedores pueden acordar precios que se encuentren fuera de los rangos establecidos por los intercambios. Así, un comprador podría obtener un precio más favorable en comparación con el precio de mercado actual en un intercambio. Sin embargo, el comercio directo también conlleva ciertos riesgos. La ausencia de una autoridad central de supervisión aumenta el riesgo de fraude. Es importante verificar cuidadosamente la reputación del socio comercial y, si es necesario, utilizar medidas de seguridad como servicios de custodia. La verificación de identidad de los socios comerciales también puede ser más compleja que en intercambios regulados. Otro punto es la liquiditaet a menudo menor en comparación con los intercambios. Encontrar un socio comercial adecuado con la oferta o demanda deseada puede llevar tiempo. La velocidad de la transacción también depende del método de pago elegido y del tiempo de confirmación de la respectiva blockchain. Finalmente, la fijación de precios en el comercio directo es más volátil. Los precios pueden fluctuar más que en intercambios establecidos, ya que

dependen directamente de las negociaciones individuales entre compradores y vendedores. Para minimizar el riesgo de fraude, los usuarios deben operar en plataformas P2P establecidas con buena reputación y considerar las calificaciones de otros usuarios. En el comercio directo existen diferentes modelos comerciales. Estos incluyen: - plataformas P2P centralizadas que actúan como intermediarios y ofrecen servicios de custodia; - plataformas P2P descentralizadas que se basan en tecnología blockchain y ofrecen mayor anonimato; - y comunicación directa entre compradores y vendedores a través de foros o redes sociales, que conlleva un mayor riesgo de fraude. La elección del modelo adecuado depende de las necesidades individuales y la tolerancia al riesgo del usuario. Se recomienda informarse a fondo sobre los diferentes modelos y sus ventajas y desventajas antes de entrar en el comercio directo. El comercio directo puede ser una alternativa atractiva a los intercambios tradicionales, pero requiere un mayor grado de responsabilidad personal y gestión de riesgos. La cuidadosa verificación de los socios comerciales, el uso de mecanismos de seguridad y una comprensión sólida de las condiciones del mercado son fundamentales para un comercio directo exitoso. Comparar las tarifas, las criptomonedas ofrecidas y las medidas de seguridad de varias plataformas P2P puede ayudar a encontrar la plataforma adecuada para las necesidades individuales.

Bueno saber

Volatilidad

La volatilidad se refiere a las fluctuaciones de precios de una criptomoneda. Un mercado volátil se caracteriza por fuertes oscilaciones de precios.

Servicio de Custodia

Un servicio que aumenta la seguridad de las transacciones de criptomonedas al gestionar los fondos en custodia hasta que ambas partes hayan cumplido con sus obligaciones.

Volumen de Negociación P2P vs. Intercambio

Distribución del volumen de negociación entre pares y el intercambio centralizado.

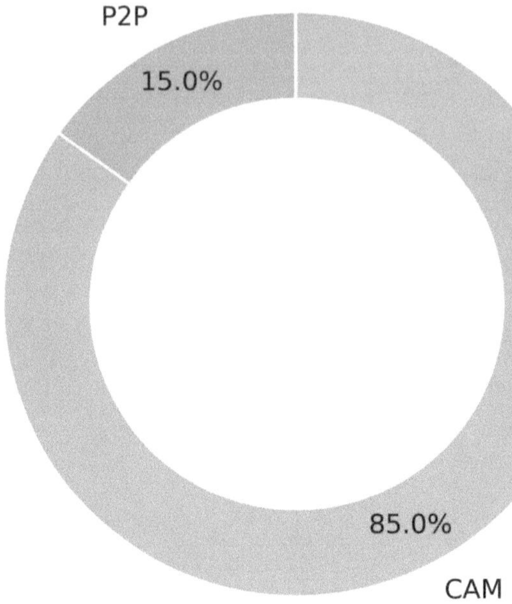

- CAM: Comercio en Intercambio
- P2P: Comercio P2P

La visualización revela una preferencia significativa por los intercambios centralizados en el comercio de criptomonedas. Esto sugiere que los usuarios priorizan la liquidez, la velocidad y las funciones que ofrecen las plataformas establecidas. Si bien P2P ofrece posibles ventajas como la privacidad y el control directo, su menor participación de mercado indica que atiende a un segmento específico o se utiliza en circunstancias específicas.

Consejos concretos

- Observe las actividades comerciales en bolsas menos conocidas para descubrir nuevas tendencias y oportunidades de inversión a tiempo.
- Compare las estructuras de tarifas de diferentes bolsas, especialmente en lo que respecta a costos ocultos como tarifas de retiro o comisiones de trading para volúmenes bajos.
- Revise los tipos de órdenes ofrecidos en diferentes bolsas y elija la plataforma que mejor se adapte a sus estrategias de trading.
- Aproveche las oportunidades de arbitraje entre diferentes bolsas para beneficiarse de las diferencias de precio de la misma criptomoneda.
- Preste atención a las medidas de seguridad de las bolsas, como la autenticación de dos factores y el almacenamiento en frío, y prefiera plataformas con alta seguridad comprobada.
- Infórmese sobre la historia y la reputación de una bolsa antes de confiarle su capital y busque opiniones de otros usuarios.
- Diversifique sus activos en criptomonedas en varias bolsas para minimizar el riesgo de pérdida total debido a un ataque hacker o la insolvencia de una plataforma.
- Observe la liquidez de los diferentes pares de trading en una bolsa para asegurarse de que puede comprar o vender sus posiciones de manera rápida y eficiente en cualquier momento.
- Pruebe la facilidad de uso y las funciones ofrecidas por una bolsa con una cuenta demo o con montos pequeños antes de realizar inversiones mayores.
- Familiarícese con las regulaciones legales y las implicaciones fiscales del trading de criptomonedas en diferentes bolsas.

2. 3 Gestión de Riesgos

El comercio de criptomonedas ofrece altas oportunidades de ganancia, pero conlleva riesgos significativos debido a la volatilidad del mercado. Por lo tanto, el trading exitoso requiere una gestión activa del riesgo, que incluye la limitación de pérdidas, la determinación del tamaño de las posiciones y la toma de ganancias. Estos aspectos influyen directamente en el rendimiento y el éxito de sus actividades comerciales. Los siguientes capítulos explican estrategias y métodos para proteger eficazmente sus inversiones y maximizar sus ganancias. Desde la comprensión de su propia tolerancia al riesgo hasta la utilización de modelos cuantitativos, aquí obtendrá el conocimiento necesario para gestionar con éxito sus inversiones en criptomonedas. Prepárese para optimizar su estrategia de trading y tomar el control de su cartera.

Una gestión de riesgos exitosa en el comercio de criptomonedas requiere una combinación de limitación de pérdidas, determinación del tamaño de las posiciones y estrategias de toma de ganancias, adaptadas a la disposición individual al riesgo y a las condiciones del mercado.

Limitación de Pérdidas

La limitación de pérdidas en el mercado de criptomonedas requiere estrategias que consideren la volatilidad inherente de esta clase de activos. Un aspecto importante es la definición de la propia tolerancia al riesgo. Invierta solo capital que pueda permitirse perder [s13]. Esto previene reacciones emocionales y de pánico ante fluctuaciones de precios. Para actividades comerciales a corto plazo, herramientas específicas, como las Órdenes de Stop-Loss, pueden ser útiles para limitar pérdidas [s13]. De este modo, se pueden minimizar automáticamente las pérdidas en caso de caídas de precios, vendiendo posiciones al alcanzar un precio previamente establecido. Además de la tolerancia al riesgo individual, es esencial comprender los riesgos del mercado. El uso de modelos cuantitativos puede ayudar a considerar escenarios de pérdidas extremas. Un enfoque es la utilización del Valor en Riesgo Condicional (CVaR), que se centra en la evaluación de pérdidas potenciales en el escenario de "peor caso" [s14]. Al integrar la Teoría de Credibilidad y Variables Difusas en tales modelos, se pueden representar mejor las incertidumbres y la volatilidad del mercado [s14]. La diversifikation – es decir, la distribución del capital en diferentes criptomonedas y otras clases de activos – reduce el riesgo total de la cartera. Restricciones adicionales de "suelo y techo" dentro de la cartera aseguran una asignación realista de los activos individuales [s14]. Por ejemplo, un inversor podría establecer que las posiciones individuales no deben representar más del 10% y menos del 2% del total de la cartera, para evitar riesgos de concentración y al mismo tiempo garantizar una diversificación adecuada.

Bueno saber

Orden de Stop-Loss

Orden de venta automática que se activa cuando el precio de una criptomoneda cae por debajo de un valor determinado. Protege contra pérdidas mayores.

Riesgo de Concentración

Riesgo que surge cuando una gran parte de la cartera está concentrada en una sola clase de activos o en un solo activo. Una caída de precios en esta área puede resultar en pérdidas significativas.

Teoría de Credibilidad

Enfoque matemático para cuantificar incertidumbres, que considera evaluaciones subjetivas y conocimientos de expertos para evaluar la probabilidad de eventos.

Variables Difusas

Variables cuyos valores no están definidos de manera precisa, sino difusa. Permiten modelar imprecisiones e incertidumbres en los datos.

Precio de Bitcoin y Niveles de Stop-Loss

Ejemplo de activación de niveles de stop-loss durante una caída del precio de Bitcoin.

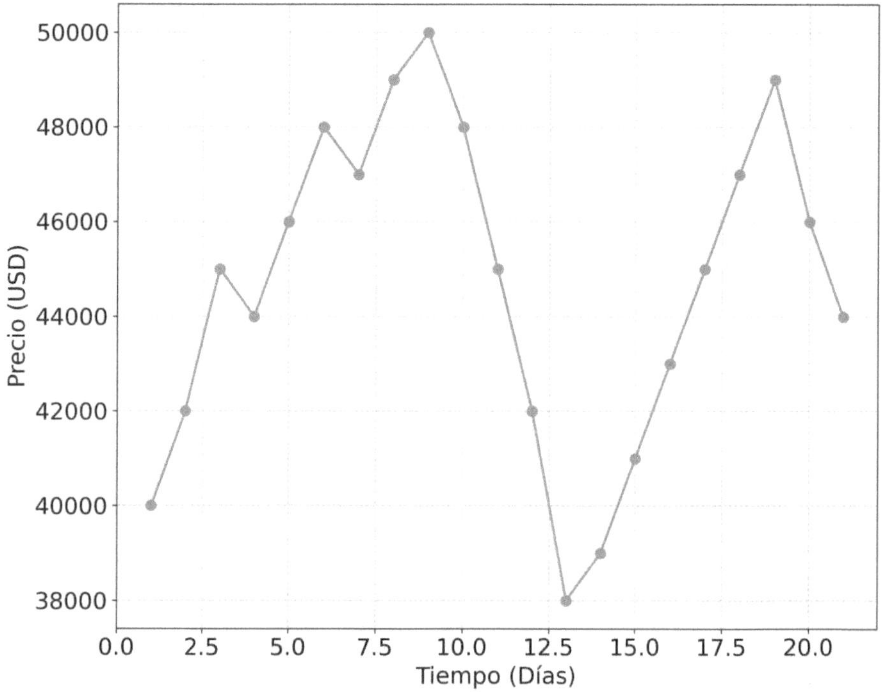

Este gráfico ilustra cómo las órdenes de stop-loss pueden proteger las inversiones durante la volatilidad del mercado. El stop-loss inicial se activa cuando el precio cae, lo que limita las pérdidas. Un trailing stop-loss se ajusta dinámicamente a las fluctuaciones de precios, bloqueando las ganancias a medida que el precio sube, pero activándose cuando el precio cae un cierto porcentaje desde su punto máximo. Si bien las órdenes de stop-loss no eliminan el riesgo, pueden mitigar significativamente las pérdidas potenciales.

Tamaños de las Posiciones

Los tamaños de las posiciones determinan qué parte de su capital se invierte en un solo activo, como Bitcoin o Ethereum. Una determinación de posición bien pensada limita las pérdidas potenciales y optimiza el rendimiento total. Es importante considerar varios factores. Su tolerancia al riesgo personal juega un papel crucial. ¿Está dispuesto a asumir mayores riesgos por posibles mayores ganancias o prefiere una estrategia más conservadora con rendimientos más bajos pero más constantes? La volatilitaet de la criptomoneda en cuestión también influye en el tamaño de la posición. En mercados con precios muy fluctuantes, es aconsejable tener una posición más pequeña para evitar pérdidas mayores. También se debe tener en cuenta la correlación entre diferentes criptomonedas en la cartera. Los activos altamente correlacionados tienden a moverse en la misma dirección. Una concentración excesiva en tales activos reduce el efecto de diversifikation. [s15] Además de la diversificación del riesgo a través de diferentes criptomonedas, la asignación a otras clases de activos, como acciones o bonos, proporciona estabilidad adicional. Una cartera diversificada puede mitigar el riesgo de activos individuales. Un enfoque práctico para la determinación de posiciones es establecer un porcentaje máximo de pérdida por operación, por ejemplo, el 1% del capital total. Con una cartera de 10,000 $ y una pérdida máxima del 1%, el tamaño de la posición debe elegirse de manera que no se supere una pérdida de 100 $. Esto requiere el cálculo de los niveles de stop-loss, basado en la volatilidad del activo en cuestión.

Niveles de Stop-Loss

Un nivel de stop-loss es un precio preestablecido en el que una criptomoneda se vende automáticamente para limitar pérdidas adicionales. Establecer un nivel de stop-loss es una herramienta importante en la gestión de riesgos, ya que ayuda a evitar decisiones emocionales en caso de pérdidas de precios y a controlar el potencial de pérdida.

Ejemplo de asignación de cartera de criptomonedas

Cartera de criptomonedas ilustrativa con gestión de riesgos.

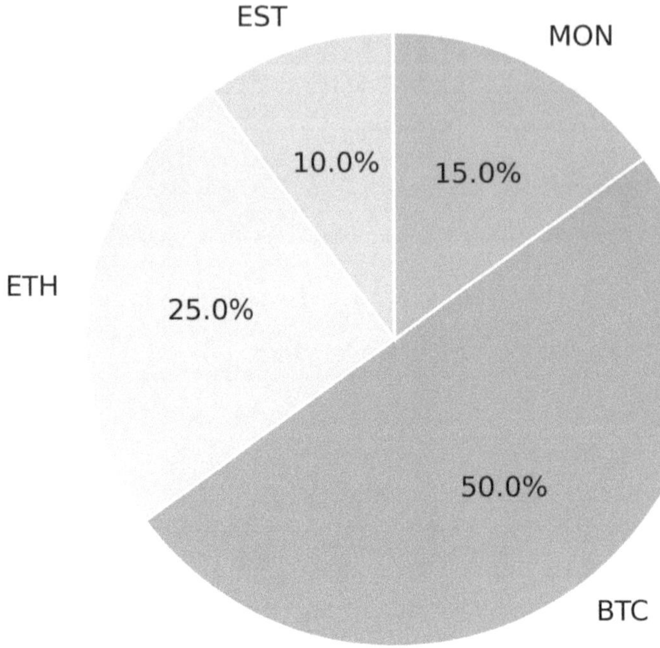

BTC: Bitcoin

ETH: Ethereum

EST: Monedas estables

MON: Monedas alternativas

Esta cartera enfatiza la diversificación y la mitigación de riesgos. La gran asignación de Bitcoin proporciona una base de relativa estabilidad, mientras que Ethereum ofrece exposición al creciente ecosistema DeFi. Las asignaciones más pequeñas a altcoins prometedoras ofrecen mayores rendimientos potenciales, pero también conllevan un mayor riesgo. La porción de monedas estables proporciona liquidez y un refugio seguro durante la volatilidad del mercado.

Toma de Ganancias

La toma de ganancias es un aspecto central del comercio exitoso de criptomonedas. Su objetivo es asegurar las ganancias obtenidas y minimizar el riesgo de pérdidas debido a la alta volatilitaet del mercado. Una estrategia de toma de ganancias debe basarse en reglas claras y no estar influenciada por emociones. Una de estas reglas podría ser establecer un objetivo de ganancias. Así, un inversor podría decidir vender una posición tan pronto como se alcance un cierto porcentaje de ganancia, por ejemplo, el 20 % o el 50 %. [s16] Otro método es la toma de ganancias gradual. En este caso, el inversor vende partes de su posición en varios pasos, mientras el precio sube. De este modo, asegura ganancias en diferentes fases y reduce el riesgo de perder el momento óptimo de salida. Además de los objetivos porcentuales, también se pueden utilizar puntos de precio fijos como desencadenantes para la toma de ganancias. Estos puntos de precio pueden establecerse en función de análisis técnicos o evaluaciones fundamentales. [s17] La elección de la estrategia adecuada depende de la tolerancia al riesgo individual, el horizonte temporal y las expectativas del mercado. Es importante implementar la estrategia establecida de manera consistente y no dejarse influenciar por fluctuaciones de precios a corto plazo. La disciplina y un enfoque sistemático son cruciales para el éxito a largo plazo en el comercio de criptomonedas. También se deben considerar los impuestos al realizar la toma de ganancias. A través de una planificación astuta, los inversores pueden optimizar su carga fiscal. Así, las ganancias mantenidas durante más de un año podrían ser gravadas de manera más favorable. [s17] Por lo tanto, es recomendable una revisión detallada de los aspectos fiscales del comercio de criptomonedas en el respectivo país. Al combinar estrategias claras de toma de ganancias y optimización fiscal, los inversores pueden maximizar sus rendimientos y gestionar los riesgos de manera efectiva.

Bueno saber

Análisis Técnico

El análisis técnico utiliza datos históricos de precios y patrones de gráficos para predecir futuros movimientos de precios de criptomonedas y tomar decisiones comerciales.

Análisis Fundamental

El análisis fundamental evalúa el valor intrínseco de una criptomoneda, examinando factores como la tecnología, el equipo, la aceptación y las condiciones del mercado.

Optimización Fiscal

La optimización fiscal se refiere a estrategias para reducir la carga fiscal dentro de las posibilidades legales. En el contexto de las criptomonedas, esto puede incluir el uso de exenciones fiscales o la consideración de pérdidas.

Rendimiento

El rendimiento es la ganancia o pérdida de una inversión, expresada como un porcentaje del capital invertido. En el contexto de las criptomonedas, el rendimiento puede generarse a través de ganancias de precios, recompensas de staking u otros ingresos.

Ejemplo de estrategias de Take-Profit de Bitcoin

Retornos potenciales con diferentes niveles de TP

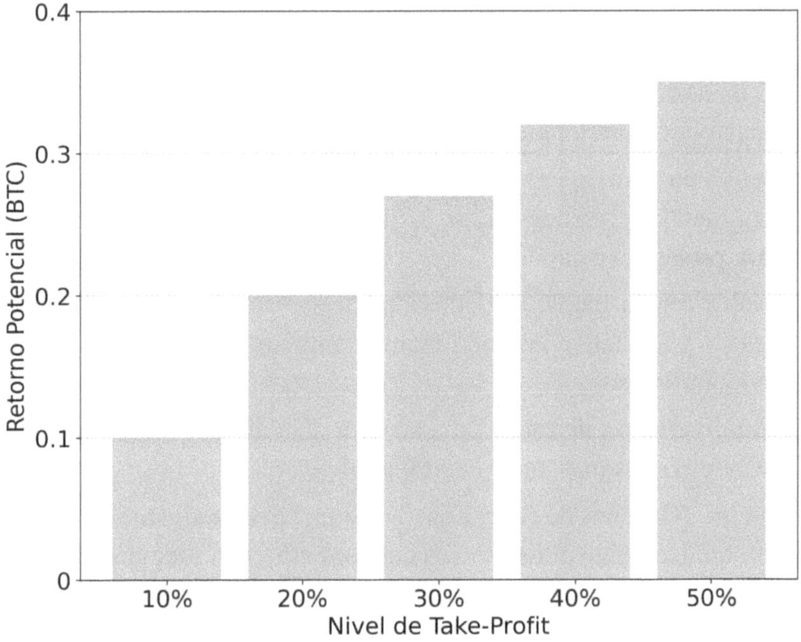

10%: 10% TP

20%: 20% TP

30%: 30% TP

40%: 40% TP

50%: 50% TP

Este gráfico ilustra cómo los diferentes niveles de toma de ganancias pueden afectar los retornos potenciales. Si bien un nivel de TP más bajo, como el 10%, ofrece ganancias más frecuentes y menores, los niveles de TP más altos, como el 50%, apuntan a ganancias mayores y menos frecuentes. La estrategia óptima depende de la tolerancia al riesgo individual y las condiciones del mercado. Un enfoque diversificado con niveles escalonados de toma de ganancias podría ser el más efectivo.

Consejos concretos

- Establezca límites de riesgo individuales para cada criptomoneda en su cartera, basados en su volatilidad y su perfil de riesgo personal.
- Cree un sistema de semáforo para su cartera que le proporcione señales de advertencia tempranas basadas en indicadores técnicos y el sentimiento del mercado.
- Utilice sistemas de comercio automatizados (bots) para implementar de manera consistente su estrategia de gestión de riesgos y evitar decisiones emocionales.
- Defina un plan de emergencia para situaciones extremas del mercado (por ejemplo, "cisnes negros"), que contenga instrucciones concretas para proteger su capital.
- Evalúe regularmente la efectividad de su estrategia de gestión de riesgos y ajústela a las condiciones cambiantes del mercado y nuevos conocimientos.
- Simule pruebas de estrés para su cartera, a fin de analizar el impacto de caídas extremas en su capital total.
- Integre "Órdenes de Stop-Loss Trailing", que se ajusten automáticamente a los precios en aumento, para asegurar ganancias y reaccionar de manera flexible a los cambios de precios.
- Establezca un límite de pérdida mensual y pause el comercio una vez alcanzado este límite, para reflexionar sobre su estrategia.
- Cree una pequeña "cartera de experimentación" con una parte reducida de su capital, para probar nuevas estrategias y herramientas de gestión de riesgos en la práctica.

Revisión - 2. Comercio de Criptomonedas

El comercio de criptomonedas ofrece oportunidades fascinantes, pero también conlleva riesgos significativos. El éxito en el volátil mercado de criptomonedas requiere, por lo tanto, una estrategia bien pensada y un entendimiento sólido de los mecanismos subyacentes. Ya sea que desee invertir a largo plazo o comerciar a corto plazo, las siguientes consideraciones pueden ayudarle a alcanzar sus objetivos mientras minimiza sus pérdidas.

Un factor crucial para cualquier inversor es la diversificación. Distribuya su capital en diferentes criptomonedas con diversas capitalizaciones de mercado y tecnologías. Limite su exposición en posiciones individuales para evitar riesgos concentrados y considere también otras clases de activos como acciones, bonos o materias primas. Recuerde que la correlación entre diferentes activos, especialmente en tiempos de crisis, puede variar considerablemente. Por lo tanto, es esencial revisar y ajustar regularmente su cartera a las condiciones actuales del mercado y a su tolerancia al riesgo. Considere, por ejemplo, si una estrategia de asignación dinámica que tenga en cuenta las correlaciones entre los activos podría ser adecuada para usted.

Para los traders a corto plazo, la elección de la plataforma de comercio adecuada es fundamental. Las bolsas centralizadas (CEX) suelen ofrecer alta liquidez y un acceso sencillo a diversas criptomonedas. Sin embargo, también conllevan riesgos como ataques de hackers o la quiebra del operador. Las bolsas descentralizadas (DEX) ofrecen más control sobre sus claves privadas y, por lo tanto, reducen el riesgo de la plataforma, aunque a menudo tienen menor liquidez. Alternativamente, también puede considerar el comercio directo (P2P), que le brinda más flexibilidad en los métodos de pago y la fijación de precios, pero también conlleva un mayor riesgo de fraude. Evalúe cuidadosamente las ventajas y desventajas de las diferentes plataformas y elija la que mejor se adapte a sus necesidades y tolerancia al riesgo. Infórmese a fondo sobre las medidas de seguridad y las tarifas de la plataforma antes de invertir su capital.

Independientemente de su estrategia de comercio, una gestión de riesgos efectiva es esencial. Defina su tolerancia al riesgo e invierta solo el capital cuya pérdida pueda soportar. Establezca órdenes de stop-loss para limitar las pérdidas en caso de caídas bruscas de precios. Determine cuidadosamente el tamaño de sus posiciones, teniendo en cuenta la volatilidad de la criptomoneda en cuestión. Desarrolle una estrategia clara para la toma de ganancias y no se deje guiar por las emociones. También considere las implicaciones fiscales de sus actividades comerciales y optimice su estrategia en consecuencia. El mercado de criptomonedas es complejo y está en constante movimiento. Por lo tanto, la educación continua y la adaptación de su estrategia a las condiciones cambiantes del mercado son cruciales para su éxito a largo plazo.

El comercio de criptomonedas puede ser desafiante, pero con la preparación adecuada y un enfoque disciplinado, puede aprovechar las oportunidades de este mercado dinámico. Infórmese, desarrolle su propia estrategia y manténgase siempre dispuesto a aprender. El camino hacia el éxito en el comercio de criptomonedas requiere paciencia, perseverancia y un esfuerzo continuo por mejorar.

3. Minería de Criptomonedas

¿Alguna vez se ha preguntado cómo se generan realmente nuevos Bitcoins? Detrás de cada transacción y cada nuevo token hay un fascinante proceso técnico que requiere una enorme potencia de cálculo. Desde pequeñas computadoras domésticas hasta enormes centros de datos, en todo el mundo, las computadoras trabajan las 24 horas del día para resolver complejos acertijos matemáticos. Las inversiones necesarias y el consumo de energía plantean importantes preguntas sobre la sostenibilidad y la rentabilidad. En este capítulo, desciframos el mundo oculto de la minería de criptomonedas, desde los fundamentos técnicos hasta la implementación rentable.

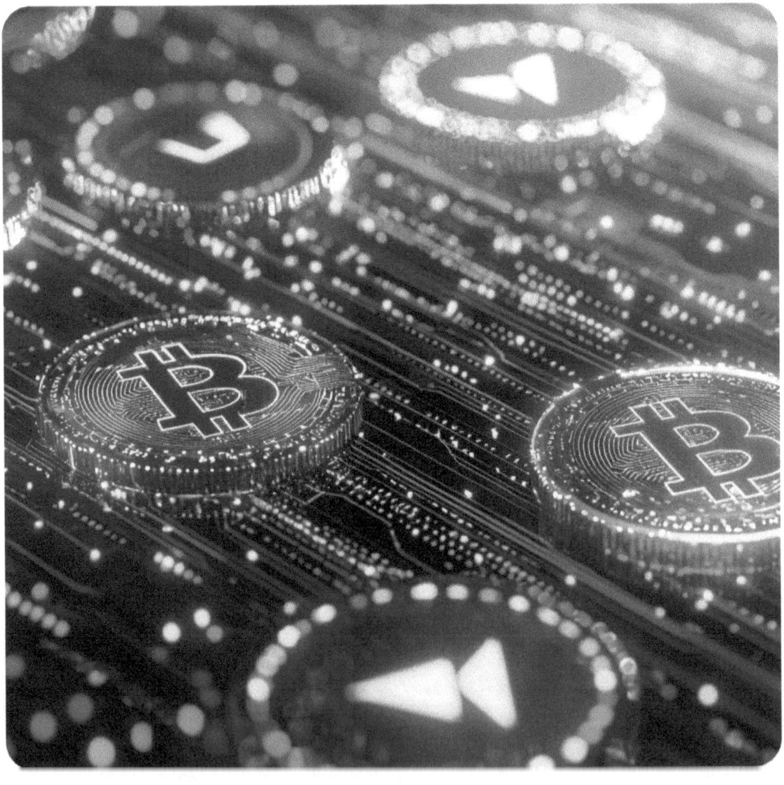

3. 1 Métodos de Minería

Esta sección analiza diferentes métodos de minería de criptomonedas, desde la minería en solitario hasta los pools de minería y la minería en la nube. Cada método ofrece ventajas y desventajas específicas en términos de rentabilidad, riesgo y recursos requeridos. La elección del método adecuado influye significativamente en el éxito y la sostenibilidad de sus actividades de minería. Descubra la estrategia óptima para su configuración individual y sus objetivos financieros.

La elección del método de minería (Solo, Pool, Cloud) depende de la tasa de hash individual, la disposición al riesgo y los costos, y afecta la rentabilidad y la estabilidad de los ingresos.

Minería Individual

En la minería individual (Solo-Mining), un minero intenta encontrar un bloque en la blockchain por su cuenta y recibir la recompensa asociada. A diferencia de la minería en un pool, donde la potencia de cálculo se agrupa y las recompensas se dividen, el minero individual se queda con toda la recompensa del bloque. Esto suena tentador, pero también conlleva riesgos significativos. La probabilidad de encontrar un bloque depende directamente de la propia hashrate en comparación con la hashrate total de la red. Si un minero posee solo una pequeña parte de la hashrate global, la posibilidad de encontrar un bloque disminuye drásticamente. Esto puede llevar a que durante largos períodos no se encuentren bloques y, por lo tanto, no se distribuyan recompensas, a pesar de que los costos de electricidad para operar el hardware continúan. Se puede comparar esto con un juego de lotería: cuanto más boletos se posee, mayor es la probabilidad de ganar. En la red de Bitcoin, la hashrate equivale al número de boletos. Por lo tanto, un minero con baja hashrate tendría que esperar, en promedio, mucho tiempo antes de encontrar un bloque. La decisión de optar por la minería individual o no depende de varios factores, especialmente de la propia hashrate y la disposición al riesgo. Los mineros con alta hashrate que tienen suficientes reservas financieras para soportar períodos prolongados sin recompensa de bloque podrían beneficiarse de la minería individual. Aceptan el mayor riesgo a cambio de la oportunidad de obtener la recompensa completa del bloque. Sin embargo, para los mineros con baja hashrate, la minería individual no es recomendable en la mayoría de los casos. Los largos tiempos de espera entre los bloques encontrados dificultan cubrir los costos operativos y obtener ganancias. [s18] Mientras que en la minería individual toda la recompensa del bloque corresponde al hallador, los pools de minería ofrecen una fuente de ingresos más constante, aunque menor. Por lo tanto, la elección entre minería en

pool y minería individual influye directamente en la estabilidad y previsibilidad de los ingresos. Ataques como el Block Withholding (BWH) pueden afectar la atractividad de los pools de minería y, por ende, también la decisión de optar por la minería individual. En un ataque BWH, un miembro de un pool de minería redirige secretamente potencia de cálculo a otro pool para obtener recompensas adicionales sin contribuir al éxito de su propio pool. Esto puede reducir la rentabilidad del pool atacado y llevar a los mineros a cambiar de pool o incluso a pasar a la minería individual, aunque esto podría ser menos rentable a largo plazo. [s18]

Bueno saber

Block Withholding (BWH)

Block Withholding es un método de ataque en el que un miembro de un pool de minería redirige secretamente potencia de cálculo a otro pool para obtener recompensas adicionales sin contribuir al éxito de su propio pool.

Solo-Mining

En el Solo-Mining (también llamado minería individual), un minero intenta encontrar bloques por su cuenta, sin unirse a un pool de minería. El minero se queda con toda la recompensa del bloque, pero también asume todo el riesgo.

Pools de Minería

Los pools de minería son asociaciones de mineros que agrupan su potencia de cálculo para aumentar la probabilidad de encontrar un bloque. La recompensa se distribuye proporcionalmente según la potencia de cálculo aportada a los miembros del pool.

Recompensa del Bloque

La recompensa del bloque es la cantidad de criptomoneda que un minero recibe al agregar exitosamente un nuevo bloque a la blockchain. Sirve como incentivo para que los mineros ofrezcan su potencia de cálculo a la red.

Distribución Estimada de la Tasa de Hash por Método de Minería (Solo)

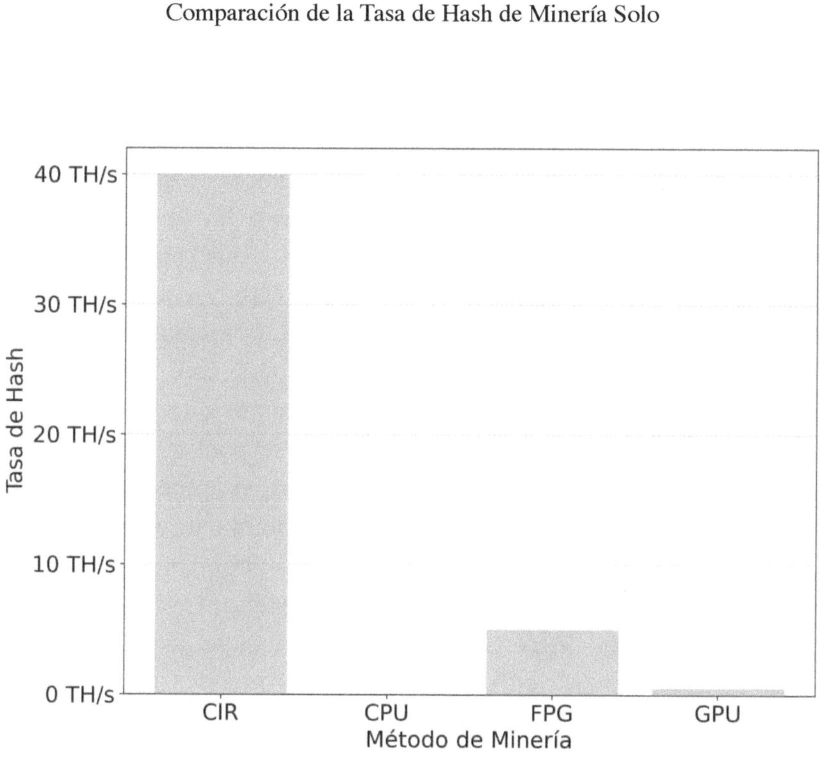

CIR: CIRCUITO INTEGRADO DE APLICACIÓN ESPECÍFICA
CPU: CPU
FPG: FPGA
GPU: GPU

La minería de CPU representa una porción insignificante de la tasa de hash general, destacando su ineficiencia. La minería de GPU, aunque más potente que la CPU, todavía está significativamente eclipsada por los ASIC. La minería de FPGA ocupa un punto intermedio, ofreciendo más rendimiento que las GPU pero menos que los ASIC. El dominio de los ASIC subraya su diseño especializado y su eficiencia para la minería de Bitcoin, lo que los convierte en la opción preferida para los mineros serios en solitario.

Comunidades de Minería

Mining-Pools ofrecen una alternativa a la minería individual al agrupar la potencia de cálculo de varios mineros. Esto aumenta la probabilidad de encontrar bloques y recibir recompensas, que se distribuyen proporcionalmente entre los participantes. Este enfoque suaviza los ingresos y los hace más predecibles, en contraste con los éxitos esporádicos de la minería en solitario. El tamaño del pool influye directamente en la frecuencia de los pagos: un pool grande encuentra bloques con más frecuencia, pero paga por la gran cantidad de participantes montos más pequeños, mientras que un pool pequeño tiene éxito con menos frecuencia, pero distribuye mayores montos individuales cuando lo hace. Un minero que, por ejemplo, contribuye con 100 TH/s de hash rate, recibirá en un pool con 10,000 TH/s de hash rate total una parte significativamente menor que en un pool con solo 1,000 TH/s. Por lo tanto, la elección de un pool adecuado requiere sopesar la frecuencia y el monto de los pagos. Además del tamaño, la estructura de tarifas y el método de pago también juegan un papel importante en la elección del pool. Algunos pools ofrecen diferentes modelos de pago que minimizan la influencia de la suerte y las fluctuaciones en los ingresos. [s19] La concentración del poder de minería en unos pocos pools grandes puede influir en el mercado de criptomonedas. Si unos pocos pools dominan la red, aumenta el riesgo de manipulación de precios y ataques, lo que incrementa la volatilidad de las criptomonedas. Así, fuertes fluctuaciones de precios, como las que ocurren en burbujas especulativas, pueden reforzar el poder de los grandes pools. [s19] Por lo tanto, una cuidadosa elección del pool es crucial para la estabilidad de todo el ecosistema cripto.

Ecosistema cripto

El ecosistema cripto abarca todos los aspectos de las criptomonedas, incluyendo la tecnología, los participantes del mercado, las regulaciones y las aplicaciones.

Manipulación de precios

La manipulación de precios en el mercado de criptomonedas son intentos ilegales de influir artificialmente en el precio de una criptomoneda, por ejemplo, mediante compras o ventas coordinadas de grandes cantidades.

Mining-Pool

Un mining pool es un grupo de mineros que agrupan su potencia de cálculo para aumentar la probabilidad de encontrar un bloque y compartir la recompensa. Esto ofrece una fuente de ingresos más estable en comparación con la minería en solitario.

Modelo de pago

Los mining pools utilizan diferentes modelos de pago para distribuir las recompensas entre los participantes. Estos modelos consideran factores como la hash rate aportada, el tiempo en el pool y la proporción de bloques encontrados.

Distribución de grupos de minería de Bitcoin

Distribución del hashrate del grupo de minería de Bitcoin.

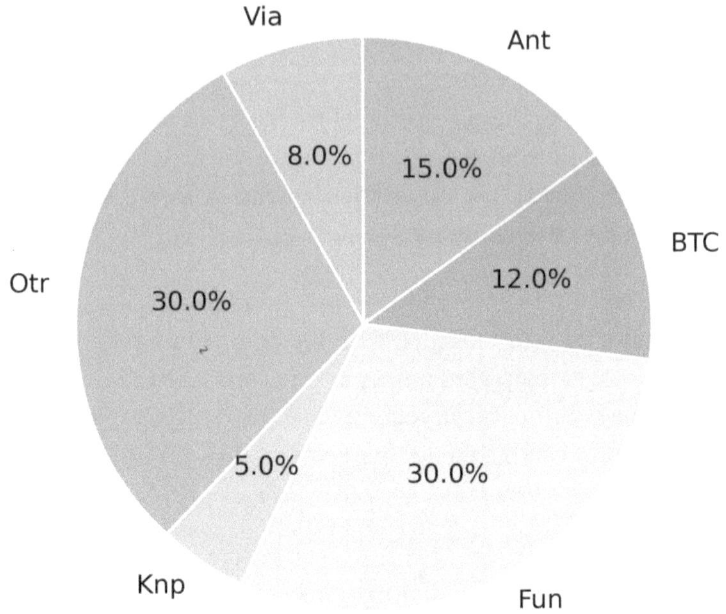

Ant: AntPool

BTC: BTC.com

Fun: Foundry USA Pool

Knp: Knapool

Otr: Otros Grupos

Via: ViaBTC

El gráfico circular visualiza el panorama competitivo de la minería de Bitcoin. Unos pocos grupos grandes controlan una parte significativa del hashrate, lo que indica un grado de centralización. Si bien esto puede ser beneficioso para la producción estable de bloques, también plantea preocupaciones sobre posibles ataques del 51% y la salud general de la red descentralizada. Los grupos más pequeños contribuyen a una red más distribuida, pero su influencia individual es limitada.

Minería en la Nube

La minería en la nube ofrece una forma adicional de participar en el proceso de extracción de criptomonedas sin necesidad de operar hardware propio. Los usuarios alquilan capacidad de procesamiento de proveedores especializados y, a cambio, reciben participaciones en las criptomonedas extraídas. Esto reduce la barrera de entrada, ya que no se incurre en la compra de hardware costoso ni en su mantenimiento y el consumo de energía asociado. En su lugar, los usuarios pagan una tarifa por la capacidad de procesamiento alquilada, cuyo monto influye significativamente en la rentabilidad de la minería en la nube. Así, un contrato de 100 TH/s de capacidad de procesamiento con el proveedor A puede generar tarifas más altas que un contrato comparable con el proveedor B, lo que reduce directamente las ganancias potenciales. Por lo tanto, es esencial comparar diferentes proveedores en términos de costos, plazos de contrato y capacidad de procesamiento ofrecida. Además de los costos, la minería en la nube también conlleva riesgos, incluidos fraudes por parte de proveedores poco fiables que pueden no proporcionar capacidad de procesamiento o atraer con promesas de ganancias falsas. Preste atención a la transparencia respecto a las granjas de minería y su operación, así como a pruebas de rendimiento verificables. Otro aspecto es la dependencia del proveedor: si este cancela el contrato o cesa operaciones, se pierde la posibilidad de minar. La elección de un proveedor establecido y de confianza con una orientación comercial a largo plazo minimiza este riesgo. La minería en la nube puede ser una opción interesante para los usuarios que desean participar en la minería de criptomonedas sin grandes inversiones en hardware. Sin embargo, un análisis cuidadoso de los costos y riesgos es indispensable para evaluar realísticamente las perspectivas de éxito.

Potencia de cálculo [i12]

Granjas de Minería

Las granjas de minería son instalaciones que albergan una gran cantidad de computadoras configuradas específicamente para la extracción de criptomonedas. Estas computadoras trabajan juntas para resolver problemas matemáticos complejos y agregar nuevos bloques a la blockchain.

Minería en la Nube

En la minería en la nube, se alquila capacidad de procesamiento de proveedores externos para extraer criptomonedas sin poseer hardware propio. Se participa en las monedas extraídas, pero no se incurre en costos por hardware, mantenimiento o electricidad. La rentabilidad depende de las tarifas del proveedor.

TH/s

TH/s significa Tera-Hashes por segundo y es una unidad de medida para la capacidad de procesamiento en la extracción de criptomonedas. Indica cuántos cálculos se pueden realizar por segundo para encontrar nuevos bloques en la blockchain.

Distribución de Tasa de Hash de Minería en la Nube

Comparación de la tasa de hash ofrecida por diferentes proveedores de minería en la nube.

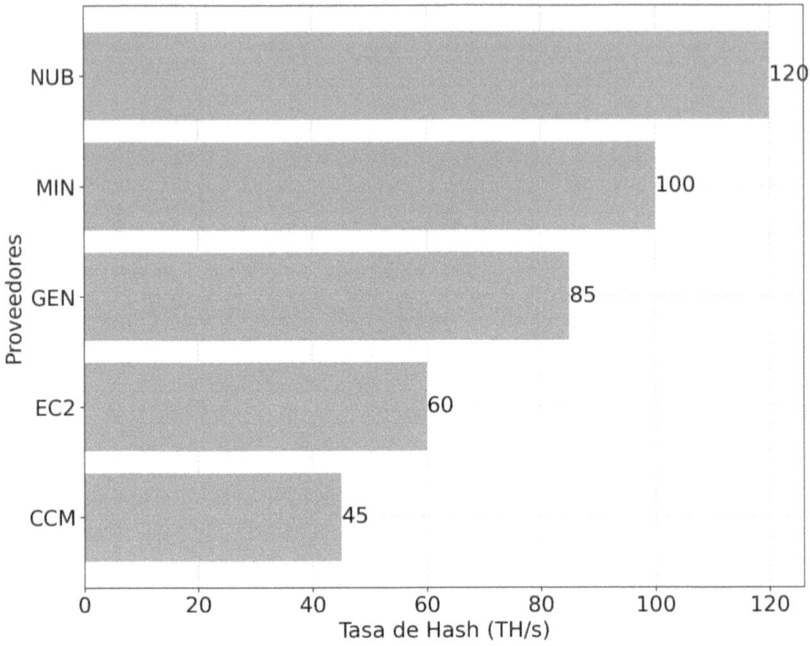

CCM: Minería CloudComp

EC2: Minería EC2

GEN: Minería Génesis

MIN: Hashnest

NUB: Minergate

El gráfico destaca diferencias significativas en la tasa de hash ofrecida por varios proveedores de minería en la nube. Elegir un proveedor con una tasa de hash más alta puede potencialmente conducir a mayores recompensas de minería, suponiendo que todos los demás factores, como las tarifas y el tiempo de actividad, sean iguales. La variación sugiere posibles diferencias en los precios y los términos del contrato.

Consejos concretos

- Realice un seguimiento de los precios de la energía en diferentes regiones y optimice su estrategia de minería en función de los costos de electricidad.
- Experimente con diferentes soluciones de software de minería y compare su eficiencia en términos de hashrate y consumo de energía.
- Construya su propio pequeño rig de minería con tarjetas gráficas usadas para adquirir experiencia práctica con el hardware y los desafíos asociados.
- Desarrolle un sistema de monitoreo para su hardware de minería que lo informe automáticamente sobre fallos o caídas de rendimiento.
- Optimice la refrigeración de su hardware de minería para prolongar la vida útil de los componentes y reducir el consumo de energía.
- Intercambie ideas con otros mineros en foros en línea sobre posibilidades de optimización y nuevos métodos de minería.
- Investigue criptomonedas alternativas con un menor nivel de dificultad de minería y evalúe su potencial.
- Calcule la rentabilidad de diferentes métodos de minería teniendo en cuenta los costos de electricidad, los costos de hardware y la recompensa actual por bloque.
- Siga el desarrollo de nuevo hardware para la minería de criptomonedas y evalúe su eficiencia y rentabilidad en comparación con las soluciones existentes.
- Utilice la potencia de cálculo de su computadora de casa para la minería en segundo plano cuando no se esté utilizando para otros fines (por ejemplo, por la noche).

3. 2 Hardware

Desde el procesador simple hasta el ASIC especializado, la elección de hardware influye de manera significativa en la eficiencia y rentabilidad de la minería de criptomonedas. El consumo de energía, la refrigeración y el ancho de banda de memoria son tan cruciales como la potencia de cálculo. El desarrollo del hardware de minería, desde CPU hasta GPU, FPGA y ASIC, refleja la creciente demanda de un rendimiento optimizado. Además de la selección de los componentes adecuados, la configuración y optimización, como el overclocking y el undervolting, juegan un papel importante. La influencia del algoritmo de minería y la dinámica del mercado de hardware requieren una planificación cuidadosa de cada inversión. Descubra en este capítulo qué hardware es el más adecuado para sus objetivos de minería y cómo alcanzar la máxima eficiencia.

La elección del hardware de minería depende de varios factores, incluyendo la criptomoneda a minar, el presupuesto, los objetivos a largo plazo y la relación entre la potencia de cálculo y el consumo de energía.

Procesadores

Los procesadores juegan un papel crucial en la minería de criptomonedas. Al principio, se utilizaban CPUs, pero su alto consumo de energía y su relativamente baja capacidad de cálculo limitaban la eficiencia. [s20] Las tarjetas gráficas (GPUs) ofrecieron una mejora significativa gracias a su capacidad de procesamiento paralelo y memoria dedicada. [s20] Para optimizar aún más el rendimiento de las GPUs, se implementaron técnicas como el overclocking, que consiste en aumentar las frecuencias de reloj más allá de las especificaciones del fabricante, y subvoltaje, que implica reducir el voltaje de alimentación. [s20] El overclocking aumenta la capacidad de cálculo, pero también incrementa el consumo de energía y la generación de calor. Por otro lado, el subvoltaje reduce el consumo de energía, idealmente sin grandes pérdidas de rendimiento. Una combinación de overclocking y subvoltaje puede mejorar la eficiencia de la minería y al mismo tiempo reducir los costos energéticos. [s20] Esta necesidad de optimización subraya la importancia de la relación entre la capacidad de cálculo y el consumo de energía, que siempre debe tenerse en cuenta al seleccionar hardware. El desarrollo del hardware de minería se puede dividir en cuatro generaciones: CPU, GPU, FPGA (Field Programmable Gate Array) y ASIC (Application Specific Integrated Circuit). [s21] Cada generación trajo consigo un aumento en la tasa de hash, es decir, la velocidad de cálculo en la minería, pero también cambios en el consumo de energía. [s21] Así, la minería comenzó en 2009 con CPUs, seguida de GPUs a partir de septiembre de 2010. [s21] Los FPGAs aparecieron en diciembre de 2011 y ofrecieron hardware desarrollado específicamente para la minería. [s21] Finalmente, a partir de 2013, los ASIC dominaron el mercado, ya que alcanzaron una tasa de hash significativamente más alta gracias a su arquitectura personalizada. [s21] Mientras que la tasa de hash y los costos de adquisición del hardware aumentaron, los costos por unidad de hash

generada disminuyeron. [s21] La creciente complejidad y competencia en la minería llevaron a la formación de miningpools, donde los mineros agrupan sus recursos para aumentar las posibilidades de éxito en la minería. [s20] [s21] Quien hoy considere invertir en hardware de minería debe examinar cuidadosamente los desarrollos actuales y la rentabilidad de las diferentes opciones de hardware, ya que el panorama está en constante cambio.

Circuito Integrado de Aplicación Específica [i13]

Tarjeta gráfica [i14]

Bueno saber

Subvoltaje

La reducción del voltaje de alimentación de un componente de hardware para disminuir el consumo de energía. Idealmente, esto se realiza sin pérdidas significativas de rendimiento y puede mejorar la eficiencia de la minería en combinación con el overclocking.

Eficiencia del procesador para la minería de criptomonedas

Precio, rendimiento y eficiencia de los procesadores populares de minería de criptomonedas.

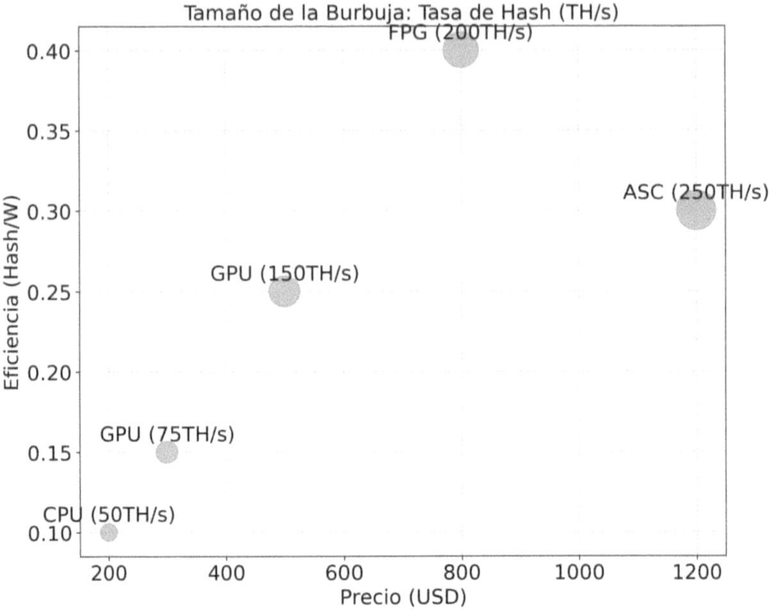

Blasengröße: Tasa de Hash (TH/s)

ASC: Minero ASIC

FPG: Minero FPGA

CPU: CPU de nivel de entrada

GPU: GPU de gama media

Los procesadores de alto rendimiento generalmente tienen un precio más alto. Sin embargo, algunos procesadores ofrecen un buen equilibrio entre rendimiento y precio, lo que los hace ideales para los mineros que buscan rentabilidad. Los procesadores con burbujas de mayor tamaño ofrecen tasas de hash más altas, lo que indica un mejor rendimiento de minería. Los mineros deben considerar las compensaciones entre precio, rendimiento y eficiencia para maximizar la rentabilidad.

Tarjetas Gráficas

Las tarjetas gráficas (GPUs) fueron la segunda generación de hardware utilizada para la minería de criptomonedas, después de CPUs, y ofrecieron ventajas decisivas gracias a su arquitectura. A diferencia de las CPUs, que están optimizadas para tareas de cálculo generales, las GPUs se caracterizan por un alto número de núcleos de procesamiento que pueden trabajar en paralelo. Esta capacidad de procesamiento paralelo es ideal para los cálculos necesarios en la minería, que a menudo se repiten y pueden ejecutarse simultáneamente. Otra ventaja de las GPUs es su memoria dedicada, que permite un acceso rápido a los datos necesarios para los cálculos. Sin embargo, la selección de la GPU adecuada es más compleja que simplemente considerar la potencia de cálculo. Factores como el consumo de energía, la refrigeración y el ancho de banda de la memoria también juegan un papel crucial en la eficiencia y rentabilidad de la minería. Un minero que, por ejemplo, elige una GPU con alta potencia de cálculo pero también alto consumo de energía, podría terminar obteniendo menos ganancias que alguien con una tarjeta más eficiente en términos de energía. Por lo tanto, es recomendable comparar diferentes modelos antes de comprar una GPU y evaluar sus especificaciones en relación con el consumo de energía. Además de seleccionar el hardware correcto, la configuración de la GPU también es importante para lograr un rendimiento óptimo. Esto incluye, entre otros, el ajuste de las frecuencias de reloj y la velocidad del ventilador, así como la supervisión de la temperatura. Si estos parámetros no se ajustan correctamente, puede resultar en un rendimiento reducido o incluso daños en el hardware. Un aspecto importante al elegir una GPU también es la disponibilidad y el precio. La demanda de GPUs potentes puede fluctuar considerablemente, lo que puede llevar a aumentos de precios y escasez de suministro. Por lo tanto, se recomienda observar el mercado regularmente y, si es necesario, optar por modelos alternativos. También se debe considerar el valor de reventa de la GPU al tomar la decisión de compra, ya que la tecnología en el ámbito de la minería avanza rápidamente y los modelos más antiguos pueden perder valor rápidamente. Otro factor que influye en la elección de la GPU es el algoritmo de minería de la criptomoneda. No todos los algoritmos se pueden calcular igualmente bien con cada GPU. Algunos algoritmos prefieren GPUs con alta potencia de cálculo, mientras que otros dependen más del ancho de banda de la memoria. Por lo tanto, es recomendable informarse sobre qué algoritmo se utiliza para la criptomoneda deseada y qué GPUs son las más adecuadas para ello antes de realizar la compra. Al considerar todos estos factores, un minero puede seleccionar la GPU óptima para sus necesidades y maximizar la eficiencia y rentabilidad de su operación de minería.

Núcleo de procesamiento [i15]

Ancho de banda de memoria [i16]

Algoritmo de minería

Un conjunto de reglas y cálculos utilizados para crear nuevos bloques en la cadena de bloques de una criptomoneda y verificar transacciones. Diferentes criptomonedas utilizan diferentes algoritmos que prefieren diferentes hardware.

Capacidad de procesamiento paralelo

La capacidad de una GPU para realizar muchos cálculos simultáneamente. Esto es crucial para la minería, ya que los cálculos necesarios a menudo se repiten y pueden ejecutarse en paralelo.

CPU

Las CPUs (Unidades de Procesamiento Central) son los procesadores principales de las computadoras y se utilizaron en los primeros días de la minería de criptomonedas, antes de que las GPUs se volvieran más eficientes debido a su capacidad de procesamiento paralelo.

Núcleo de procesamiento

Los núcleos de procesamiento son las unidades de procesamiento individuales dentro de una CPU o GPU. Cuantos más núcleos de procesamiento tenga una GPU, más cálculos paralelos podrá realizar, lo que aumenta la velocidad de minería.

Velocidad del ventilador

La velocidad a la que giran los ventiladores de la GPU para disipar el calor generado. Una refrigeración adecuada es importante para evitar daños en el hardware.

Rendimiento de la minería de GPU (MH/s)

Tasa de hash relativa de Ethereum

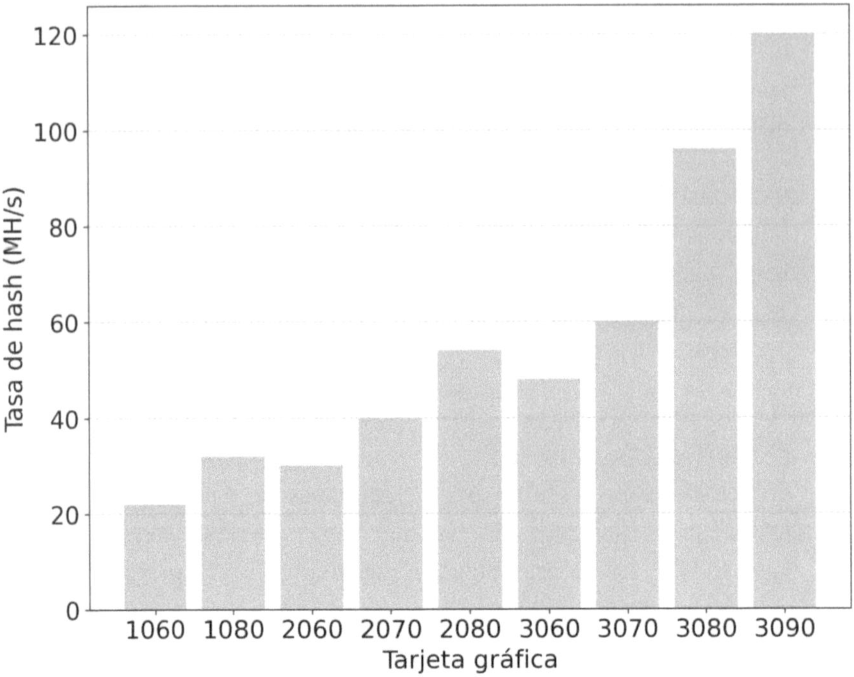

1060: GTX 1060 6GB

1080: GTX 1080

2060: RTX 2060

2070: RTX 2070

2080: RTX 2080 Ti

3060: RTX 3060

3070: RTX 3070

3080: RTX 3080

3090: RTX 3090

El gráfico destaca las importantes disparidades de rendimiento entre varias GPU para la minería de Ethereum. La RTX 3090 demuestra la tasa de hash más alta, lo que la convierte en una opción deseable para los mineros. Por el contrario, los modelos más antiguos como la GTX 1060 ofrecen un rendimiento considerablemente inferior. Estos datos subrayan la importancia de la selección de la GPU para la rentabilidad de la minería.

Hardware Especializada

La hardware especializada para la minería de criptomonedas va más allá del uso de procesadores y tarjetas gráficas convencionales, e incluye dispositivos dedicados que han sido diseñados específicamente para esta tarea. Estas unidades, denominadas ASICs (Circuitos Integrados de Aplicación Específica), ofrecen una tasa de hash y eficiencia energética significativamente más altas en comparación con el hardware universal. Un ASIC está diseñado para un miningalgorithmus específico, lo que le permite realizar cálculos mucho más rápido que una GPU, que está diseñada para un rango más amplio de tareas. Esta especialización resulta en una ventaja considerable en velocidad y consumo de energía, lo que impacta directamente en la rentabilidad de la minería. Por ejemplo, un ASIC optimizado para el algoritmo SHA-256 de Bitcoin puede hash a millones de veces más rápido que una tarjeta gráfica de alta gama, mientras consume menos energía por unidad de hash generada. Sin embargo, la especialización también conlleva desventajas. Los ASICs suelen ser más caros de adquirir y menos flexibles en su uso. Si el algoritmo de minería de una criptomoneda cambia, el ASIC puede volverse obsoleto. Además, el uso de ASICs a menudo concentra el poder de cálculo en grandes miningfarmen, lo que puede afectar la descentralización de la red. Además de los ASICs, también existen FPGAs (Matrices de Puertas Programables en Campo), que son una especie de intermedio entre el hardware universal y los ASICs. Los FPGAs se pueden configurar para diferentes algoritmos de minería, ofreciendo así más flexibilidad que los ASICs, aunque no alcanzan su rendimiento. La elección del hardware especializado adecuado depende de varios factores, incluidos la criptomoneda a minar, el presupuesto y los objetivos a largo plazo. Un análisis cuidadoso del mercado y de los algoritmos respectivos es esencial antes de invertir en hardware especializado. La combinación de overclocking y unterspannung puede mejorar

significativamente la eficiencia de minería de las unidades de procesamiento gráfico y aumentar la rentabilidad, como muestran los estudios. Sin embargo, estas técnicas de optimización deben aplicarse con precaución, ya que pueden sobrecargar el hardware y causar daños si no se realizan correctamente. Por lo tanto, es esencial tener un conocimiento sólido del propio hardware y sus límites.

Bueno saber

Procesador

Los procesadores, o CPUs, son las unidades de cálculo centrales de las computadoras. Pueden utilizarse para la minería, pero son significativamente menos eficientes en comparación con las tarjetas gráficas y los ASICs.

Eficiencia de Tasa de Hash a lo Largo del Tiempo

Mejora en la eficiencia de la tasa de hash del hardware de minería especializado.

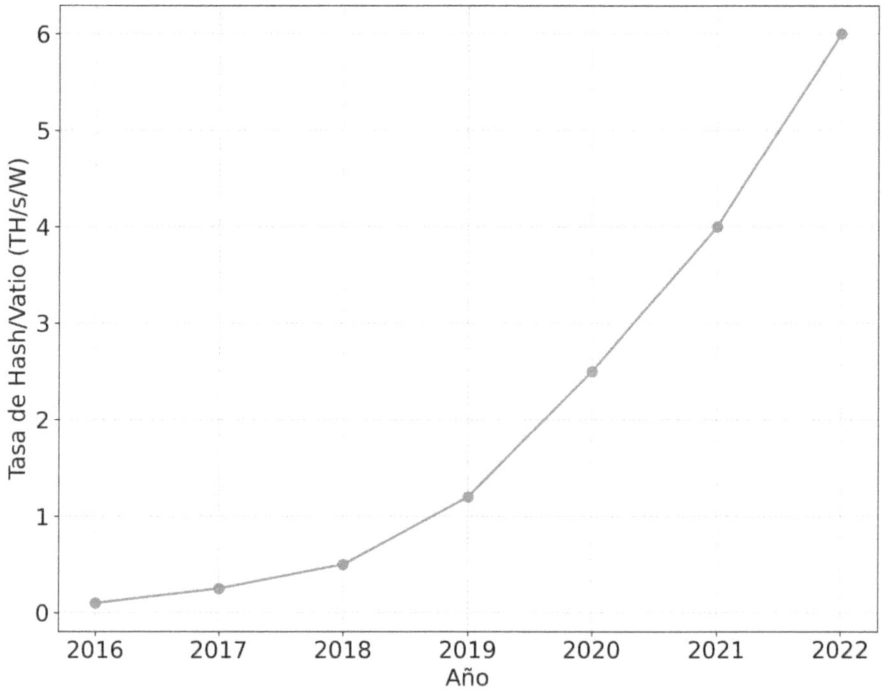

El gráfico muestra un aumento constante en la eficiencia de la tasa de hash a lo largo del tiempo. Esto sugiere avances tecnológicos y optimizaciones en el hardware especializado para la minería de criptomonedas, lo que lleva a más hashes por unidad de energía consumida. Esta tendencia podría indicar una mayor rentabilidad para los mineros y un impacto potencial en la tasa de hash general de la red.

Consejos concretos

- Configura tu hardware de minería para operar en modo de bajo consumo energético, con el fin de reducir el consumo eléctrico y aumentar la vida útil de los componentes.
- Explora opciones para reutilizar el calor residual de tu hardware de minería, por ejemplo, para calentar espacios o agua.
- Experimenta con la regulación dinámica de la frecuencia y el control de voltaje para ajustar el rendimiento de tu hardware a las condiciones actuales de minería.
- Desarrolla un sistema para la adaptación automatizada de los parámetros de minería en función de la carga de la red y el nivel de dificultad.
- Establece sistemas redundantes para minimizar el tiempo de inactividad de tu hardware de minería y garantizar un rendimiento continuo.
- Considera el uso de refrigeración líquida para tu hardware de minería, con el fin de lograr una disipación de calor más eficiente y mayores potenciales de overclocking.
- Investiga proveedores especializados de hardware de minería con versiones de BIOS optimizadas y garantías para operación continua.
- Compara la eficiencia de diferentes fuentes de alimentación en términos de rendimiento y estabilidad del suministro eléctrico para tu hardware de minería.
- Optimiza la circulación de aire en tu sala de minería para asegurar una refrigeración uniforme de todos los componentes y evitar puntos calientes.
- Opta por rigs de minería modulares que permitan una expansión flexible y adaptación a futuras generaciones de hardware.

3. 3 Rentabilidad

La minería de criptomonedas promete ganancias, pero conlleva desafíos complejos. Los costos de energía, el mantenimiento del hardware y los aspectos fiscales influyen de manera significativa en la rentabilidad. Desde la eficiencia del hardware hasta los precios regionales de la electricidad y la utilización del calor residual, cada factor juega un papel. El cálculo del rendimiento real requiere más que un simple estado de pérdidas y ganancias. Además de los costos operativos, también deben considerarse los ingresos de capital, las depreciaciones y otras implicaciones fiscales. Solo una visión integral garantiza decisiones de inversión fundamentadas. Prepárese para comprender los factores decisivos para una minería de criptomonedas rentable y maximizar sus oportunidades de éxito.

La rentabilidad de la minería de criptomonedas no solo depende de los ingresos y los costos directos de electricidad y hardware, sino que se ve influenciada por una variedad de factores, incluidos los costos indirectos de energía (refrigeración, infraestructura), el esfuerzo de mantenimiento (mantenimiento, software), impuestos y condiciones locales (precios de electricidad, clima). Un análisis integral de costos y beneficios que considere todos estos aspectos es crucial para una evaluación realista de la viabilidad económica.

Costos de energía

Los costos de energía juegan un papel crucial en la minería de criptomonedas, afectan la rentabilidad y, por lo tanto, deben ser cuidadosamente evaluados por los inversores. El consumo de electricidad para operar el hardware de minería, especialmente en mecanismos de prueba de trabajo como en Bitcoin, puede ser considerable. Estos costos dependen de varios factores, incluidos el precio de la electricidad en la región, la eficiencia del hardware de minería y la dificultad de la minería. Así, los mineros en regiones con bajos precios de electricidad, como algunas partes de América del Norte o Asia Central, pueden tener una ventaja de costos sobre los mineros en regiones con altos costos energéticos. [s22] La optimización constante del hardware para la eficiencia energética es, por lo tanto, un aspecto importante para que los mineros se mantengan competitivos. Los mining rigs más recientes a menudo ofrecen una mejor relación entre potencia de cálculo y consumo de energía, lo que resulta en costos operativos más bajos. Además de los costos directos de electricidad para operar el hardware de minería, también se deben considerar los costos energéticos indirectos. Esto incluye la refrigeración del hardware, especialmente en climas más cálidos, así como el suministro de energía para la infraestructura necesaria para operar las granjas de minería. En regiones calurosas, la refrigeración puede representar una parte significativa de los costos energéticos totales. Sin embargo, una refrigeración efectiva es esencial para garantizar la vida útil del hardware y evitar fallos. Una forma innovadora de reducir los costos energéticos de la minería y, al mismo tiempo, generar un beneficio adicional, es aprovechar el calor residual. El calor generado durante la minería puede, por ejemplo, utilizarse para calentar invernaderos. En la agricultura, los costos de calefacción, especialmente para el gas natural, representan entre el 10% y el 35% de los costos totales. [s22] Al aprovechar el calor residual del hardware de minería, estos costos pueden reducirse y, al mismo tiempo, aumentar la productividad de los invernaderos, mediante una posible ampliación de la superficie cultivable. [s22] La rentabilitaet de este enfoque depende de factores como los costos de electricidad para la minería y el precio de mercado de la criptomoneda. [s22] En regiones con bajos precios de electricidad y altos precios de criptomonedas, la combinación de minería y calefacción de invernaderos es especialmente atractiva. Así, los mineros no solo pueden reducir sus costos energéticos, sino también generar ingresos adicionales mediante la venta de productos agrícolas. Un análisis cuidadoso de las condiciones locales, como precios de electricidad, clima y precios de mercado de productos agrícolas, es crucial para evaluar la viabilidad económica de este enfoque.

Invernadero [i17]

Costos de electricidad para la minería de Bitcoin

Comparación de los costos de electricidad para la minería de Bitcoin en diferentes regiones.

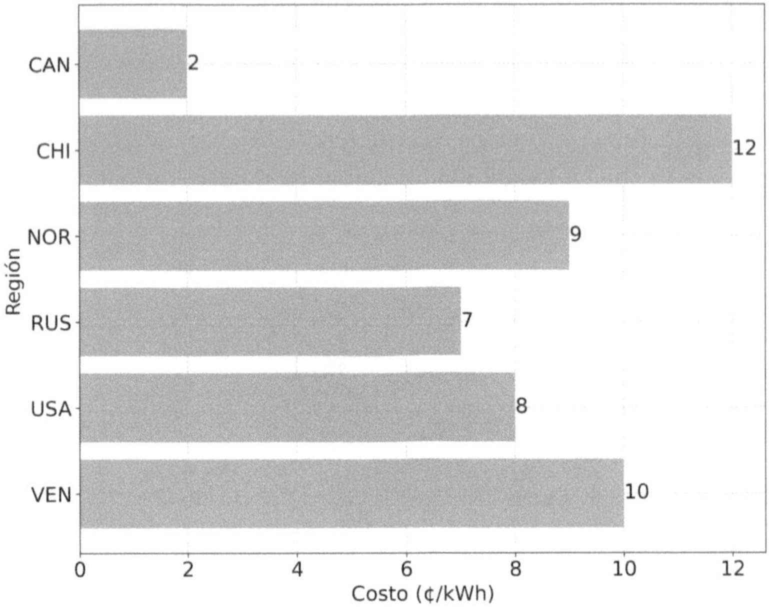

CAN: Canadá
CHI: China
NOR: Noruega
RUS: Rusia
USA: EE. UU.
VEN: Venezuela

El gráfico de barras horizontales ilustra claramente las disparidades significativas en los costos de electricidad para la minería de Bitcoin en varias regiones. Las regiones con costos más bajos son potencialmente más rentables para los mineros, mientras que aquellas con costos más altos pueden enfrentar una rentabilidad reducida. Esto enfatiza la importancia de la ubicación para determinar la viabilidad económica de las operaciones mineras de Bitcoin.

Esfuerzo de Mantenimiento

El esfuerzo de mantenimiento en la minería de criptomonedas abarca, además de los costos de energía, otros factores que influyen en la rentabilitaet. El mantenimiento del hardware de minería es un proceso continuo. Se requieren revisiones y reparaciones regulares para mantener los dispositivos en funcionamiento y minimizar el tiempo de inactividad. Las piezas de desgaste, como los ventiladores, deben ser reemplazadas ocasionalmente. Los costos de las piezas de repuesto y el esfuerzo laboral para el mantenimiento deben ser considerados. Las actualizaciones de software también son parte del esfuerzo de mantenimiento. El software de minería y el firmware del hardware deben actualizarse regularmente para optimizar el rendimiento y cerrar brechas de seguridad. Este proceso requiere tiempo y experiencia para evitar problemas de compatibilidad. Un plan de mantenimiento bien planificado, que incluya revisiones regulares, el reemplazo oportuno de piezas de desgaste y actualizaciones de software, puede ayudar a prolongar la vida útil del hardware y maximizar la eficiencia de la operación de minería. Además, los costos de la infraestructura que apoya el sistema de minería, como servidores, dispositivos de red y sistemas de refrigeración, también pueden considerarse parte del esfuerzo de mantenimiento. [s23] Estos componentes de infraestructura también requieren mantenimiento y reparaciones regulares. Una infraestructura mal mantenida puede llevar a fallos del sistema y pérdidas de datos. Por lo tanto, una infraestructura confiable y bien mantenida es crucial para una operación de minería estable y rentable. Entre otras cosas, la implementación de un sistema redundante, donde los componentes críticos están duplicados, puede minimizar el tiempo de inactividad y aumentar la seguridad operativa.

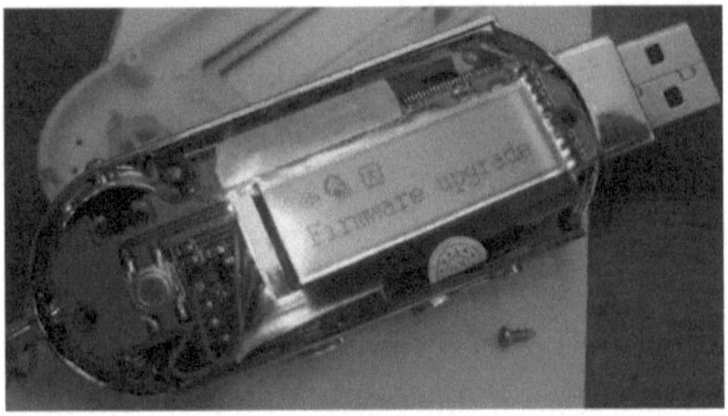

Firmware [i18]

Sistema de refrigeración [i19]

Dispositivo de red [i20]

Infraestructura

La infraestructura en el contexto de la minería abarca todos los sistemas y instalaciones de apoyo necesarios para el funcionamiento del hardware de minería. Esto incluye suministro de energía, conexiones de red, refrigeración y servidores. Una infraestructura estable y eficiente es crucial para una operación de minería ininterrumpida y afecta la rentabilidad.

Mantenimiento

El mantenimiento en el contexto de la minería de criptomonedas se refiere a todas las medidas que se toman para mantener el hardware de minería funcional y eficiente. Esto incluye revisiones regulares, limpieza, reparaciones y el reemplazo de piezas de desgaste para maximizar la vida útil de los dispositivos y minimizar el tiempo de inactividad. Un mantenimiento efectivo contribuye a la rentabilidad de la minería.

Redundancia

La redundancia en relación con la minería significa que componentes críticos del sistema están duplicados para evitar tiempos de inactividad. Si un componente falla, el componente redundante asume su función. Los sistemas redundantes aumentan la confiabilidad y contribuyen a la rentabilidad al minimizar las pérdidas potenciales por fallos.

Desglose de costos de la participación en Bitcoin

Ilustra los costos relativos asociados con el comercio y la minería de Bitcoin.

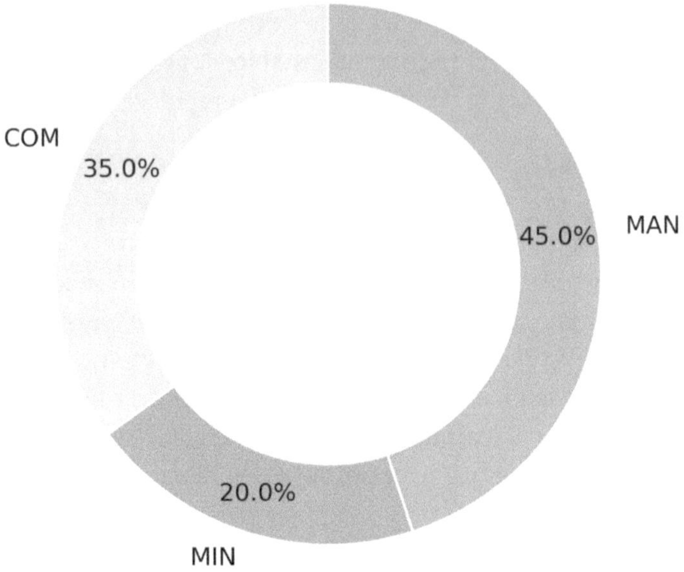

- COM: Comercio (Tarifas y volatilidad)
- MAN: Mantenimiento (Minería e infraestructura)
- MIN: Minería (Hardware y energía)

La visualización revela que el mantenimiento representa una parte sustancial del costo total, lo que sugiere posibles economías de escala para operaciones más grandes. El costo del comercio, aunque significativo, es menor que el mantenimiento, lo que indica que las tarifas y la volatilidad de los precios pueden afectar la rentabilidad. Los costos de minería, aunque presentes, forman una porción más pequeña del pastel, posiblemente reflejando ajustes de dificultad y costos de energía.

Cálculo de la Rentabilidad

El cálculo de la rentabilidad en la minería de criptomonedas es más complejo que la simple comparación de ingresos y gastos por electricidad y hardware. Una imagen completa requiere considerar todos los factores de costo y también las implicaciones fiscales. Además de los costos de energía y mantenimiento ya mencionados, los impuestos también afectan la rentabilidad total. [s24] Las ganancias de la negociación de criptomonedas, como Bitcoin, deben ser gravadas como ganancias de capital. [s24] La diferencia entre el costo de adquisición y el precio de venta constituye la base imponible. [s24] Si mantiene sus criptomonedas durante más de un año, las ganancias son libres de impuestos. Aunque las monedas digitales están exentas del IVA cuando se utilizan como medio de pago, las transacciones realizadas con ellas deben soportar el IVA. [s24] Además, las criptomonedas están sujetas al impuesto sobre el patrimonio, impuesto sobre sucesiones y donaciones. [s24] Estos aspectos fiscales deben incluirse en cada cálculo de rentabilidad para obtener un resultado realista. Un registro detallado de todas las transacciones, incluidos los precios de compra y venta y las tarifas asociadas, es esencial para la correcta declaración de impuestos. De este modo, se pueden aprovechar al máximo los posibles beneficios fiscales y minimizar los riesgos financieros. Además, los mineros pueden utilizar el calor residual de su hardware para, por ejemplo, calentar invernaderos y así reducir costos, lo que influye positivamente en la rentabilidad. [s25] La rentabilidad de este método depende de la ubicación, ya que el ahorro de costos varía en comparación con los sistemas de calefacción tradicionales. [s25] Por lo tanto, se recomienda un análisis detallado de costo-beneficio que tenga en cuenta las condiciones locales.

Bueno saber

Base imponible

La base imponible para la tributación de las ganancias de las ventas de Bitcoin es la diferencia entre el precio de compra y el precio de venta.

Análisis de costo-beneficio

Un análisis de costo-beneficio compara los costos de la minería (por ejemplo, electricidad, hardware) con los beneficios (por ejemplo, valor de los bitcoins minados) para evaluar la viabilidad económica.

Ganancias de capital

Las ganancias de capital son las ganancias obtenidas por la venta de inversiones como Bitcoin. Están sujetas a impuestos, a menos que la inversión se mantenga durante más de un año.

Impuesto sobre sucesiones y donaciones

Al igual que otros activos, las criptomonedas están sujetas al impuesto sobre sucesiones y donaciones cuando se heredan o se donan.

RSI de Bitcoin a lo largo del tiempo

Desarrollo ilustrativo del RSI de Bitcoin durante un período de 5 años.

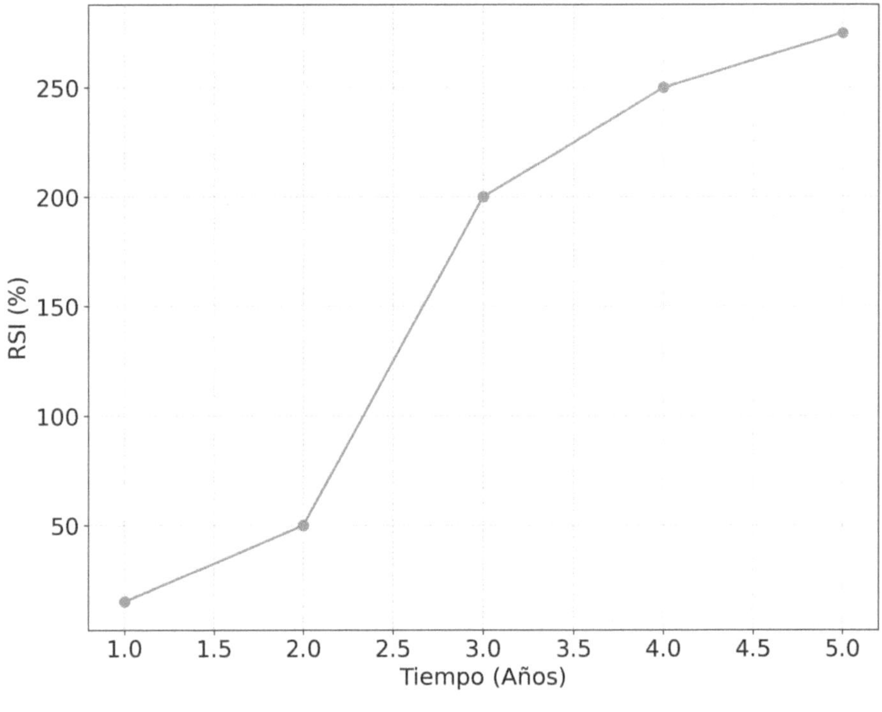

Este gráfico muestra un escenario hipotético de inversión en Bitcoin. El período inicial muestra un crecimiento lento, seguido por un período de rápida apreciación y, finalmente, una meseta que sugiere la estabilización del mercado. Esto destaca el potencial de altos rendimientos, pero también la volatilidad inherente a las inversiones en criptomonedas. El rendimiento pasado no es indicativo de resultados futuros.

Consejos concretos

- Negocie con su proveedor de energía una tarifa individual para su operación de minería, para beneficiarse de condiciones más favorables.
- Evalúe la viabilidad económica de la minería en la nube, para reducir los costos de inversión en hardware e infraestructura.
- Forme una cooperativa de minería con otros mineros, para compartir costos y aprovechar sinergias en la adquisición de hardware y energía.
- Especialícese en la minería de criptomonedas menos conocidas con menor competencia y potencialmente mayores rendimientos.
- Utilice el calor residual de su hardware de minería para secar productos agrícolas o para generar calor de proceso para aplicaciones industriales.
- Desarrolle un modelo de negocio que combine la minería de criptomonedas con otros servicios, como la operación de un centro de datos o la provisión de infraestructura blockchain.
- Alquile espacios comerciales no utilizados en regiones con bajos costos de energía, para establecer su operación de minería allí.
- Invierta en el desarrollo de su propio hardware de minería, para obtener una ventaja tecnológica sobre la competencia.
- Participe en proyectos de investigación para desarrollar algoritmos y hardware de minería más eficientes en energía.
- Analice el mercado de hardware de minería de segunda mano y aproveche oportunidades de compra favorables para reducir sus costos de inversión.

Revisión - 3. Minería de Criptomonedas

La minería de criptomonedas puede ser una forma fascinante y potencialmente lucrativa de participar en el ecosistema cripto. Sin embargo, antes de sumergirse en este mundo, es fundamental sopesar cuidadosamente los diferentes métodos de minería y los desafíos asociados. La elección entre la minería en solitario y unirse a un pool de minería es una decisión básica. La minería en solitario promete la recompensa completa del bloque, pero requiere una tasa de hash significativa y la disposición a soportar períodos prolongados sin pagos. Para la mayoría de los principiantes y mineros con capacidad de cómputo limitada, un pool de minería es la opción más sensata. Aquí se beneficia de pagos regulares, aunque más pequeños, que hacen que sus ingresos sean más predecibles. Al elegir un pool, debe considerar factores como el tamaño, las tarifas y el modelo de pago. Comparar diferentes pools le ayudará a encontrar el compromiso óptimo entre la frecuencia y la cantidad de los pagos.

Además de la elección del método de minería, seleccionar el hardware adecuado es crucial para su éxito. Mientras que las CPU y GPU dominaron en los inicios de la minería, los ASIC se han establecido como la opción más potente y eficiente. Sin embargo, los ASIC son más costosos de adquirir y están especializados en un algoritmo específico, lo que los hace menos flexibles. Los FPGA ofrecen una alternativa con mayor flexibilidad, pero no alcanzan la tasa de hash de los ASIC. Al tomar su decisión, considere no solo los costos de adquisición, sino también el consumo de energía, los requisitos de refrigeración y la vida útil potencial del hardware. Técnicas de optimización como el overclocking y el undervolting pueden aumentar la eficiencia de su hardware, pero deben aplicarse con precaución y tras una investigación exhaustiva para evitar daños.

La minería en la nube ofrece una entrada alternativa a la minería de criptomonedas sin necesidad de invertir en hardware. Aquí alquila capacidad de cómputo de un proveedor y recibe pagos proporcionales. Este enfoque, aunque relativamente simple, también conlleva riesgos. Preste atención a la seriedad del proveedor, a las condiciones contractuales transparentes y a las proyecciones de ganancias realistas. Compare las ofertas de diferentes proveedores y considere factores como tarifas, duración del contrato y la tasa de hash ofrecida. También tenga en cuenta que, al hacer minería en la nube, depende de la disponibilidad y las decisiones del proveedor.

La rentabilidad de su proyecto de minería depende, en última instancia, de una variedad de factores que debe calcular cuidadosamente. Además de los costos de hardware, electricidad y mantenimiento, también influyen la dificultad de la minería, el precio actual de la criptomoneda y aspectos fiscales. Elabore un análisis detallado de costo-beneficio que considere todos los factores relevantes para evaluar realísticamente el retorno potencial. También piense en formas innovadoras de aumentar la eficiencia y reducir costos, como el uso del calor residual para calentar invernaderos. Con una estrategia bien pensada y una planificación cuidadosa, puede superar los desafíos de la minería de criptomonedas y beneficiarse de las oportunidades de este mercado dinámico.

4. Bitcoin y Ethereum

¿Qué diferencia a las dos criptomonedas dominantes, que juntas representan más del 60% de la capitalización total del mercado? Bitcoin revolucionó la economía digital en 2009 como la primera blockchain, mientras que Ethereum, en 2015, creó nuevas posibilidades de aplicación con los contratos inteligentes. Las bases tecnológicas de ambos sistemas presentan tanto sorprendentes paralelismos como diferencias fundamentales. Sus respectivas fortalezas y limitaciones han moldeado hasta hoy el desarrollo de todo el mercado cripto. En este capítulo, analizamos la arquitectura y el potencial de los dos protocolos de blockchain más importantes, y por qué su coexistencia determinará el futuro de los valores digitales.

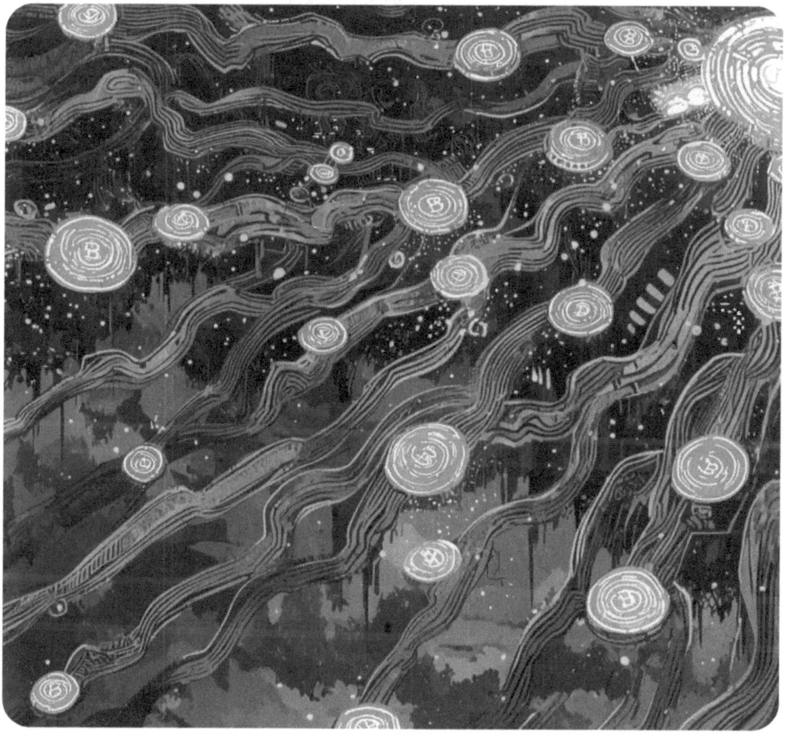

4. 1 Comparación de Redes

Bitcoin y Ethereum, las dos principales criptomonedas, difieren fundamentalmente en arquitectura y funcionamiento. Esta comparación de redes destaca los aspectos centrales de velocidad de transacción, consumo de energía y escalabilidad. Las diferentes tecnologías influyen en la facilidad de uso, costos y huella ecológica. Bitcoin se basa en Proof-of-Work, mientras que Ethereum se está moviendo cada vez más hacia Proof-of-Stake. Estos diferentes mecanismos de consenso tienen consecuencias de gran alcance para las redes. También las estrategias respectivas para manejar el aumento de volúmenes de transacción difieren considerablemente. Entienda las diferencias para elegir la criptomoneda adecuada para sus necesidades. La siguiente comparación le proporcionará el conocimiento necesario.

Al comparar criptomonedas como Bitcoin y Ethereum, la escalabilidad es un factor decisivo. Además de la velocidad de transacción (TPS), también se deben considerar la latencia de la red, la capacidad de almacenamiento y el ancho de banda para evaluar el potencial de crecimiento futuro.

Velocidad de Transacción

La velocidad de transacción, es decir, el número de transacciones procesables por unidad de tiempo, es un factor decisivo al elegir una criptomoneda. Esta velocidad se mide en transacciones por segundo (TPS) y afecta tanto la facilidad de uso como la escalabilidad de la red. Mientras que los sistemas de pago convencionales pueden procesar miles de TPS, muchas criptomonedas alcanzan valores significativamente más bajos. [s26] Algunas criptomonedas solo logran hasta 30 TPS. [s26] Esta capacidad limitada puede llevar a retrasos y tarifas más altas, especialmente en momentos de alta congestión de la red. Las transferencias pueden tardar horas en lugar de segundos o minutos, lo que limita su viabilidad en la vida cotidiana. Por lo tanto, la velocidad de transacción es un criterio importante para evaluar la practicidad de una criptomoneda. Un enfoque prometedor para mejorar la velocidad de transacción son los Grafos Acíclicos Dirigidos (DAGs). [s26] A diferencia de la estructura lineal de una blockchain, que procesa transacciones de manera secuencial, los DAGs permiten el procesamiento paralelo. [s26] De este modo, las transacciones pueden ser validadas y añadidas simultáneamente, lo que aumenta significativamente el rendimiento y hace que la red sea más escalable. A medida que aumenta el número de nodos activos en la red, también se incrementa la velocidad de transacción de un sistema puramente basado en DAG. [s26] Esto significa que cuanto más participantes haya, más rápida será la procesamiento: una clara ventaja sobre algunas tecnologías de libro mayor distribuido, que experimentan pérdidas de rendimiento a medida que aumenta el número de nodos. [s26] La latencia, es decir, el tiempo hasta la confirmación final de una transacción, en los DAG depende del número de cálculos hash requeridos, que está determinado por el Puntuación de Prueba de Trabajo. [s26] Una puntuación alta puede aumentar la seguridad, pero también prolongar la latencia. Por lo

tanto, al elegir una criptomoneda basada en DAG, preste atención a la relación entre la Prueba de Trabajo, la latencia y la velocidad de transacción. Un alto rendimiento con baja latencia es ideal. Infórmese sobre los detalles técnicos de cada criptomoneda antes de invertir, para encontrar la solución que mejor se adapte a sus necesidades.

Bueno saber

Tecnología de Libro Mayor Distribuido
Tecnologías que distribuyen datos de transacciones a través de múltiples computadoras para aumentar la seguridad y la transparencia. Los libros mayores distribuidos privados restringen el acceso a un grupo seleccionado de participantes.

Puntuación de Prueba de Trabajo
Un valor que representa el esfuerzo (potencia de cálculo) invertido en la validación de transacciones en un sistema de Prueba de Trabajo. Una puntuación más alta puede aumentar la seguridad, pero también afectar la latencia.

Transacciones por Segundo
Indica cuántas transacciones puede procesar una red de criptomonedas por segundo. Un valor TPS más alto indica una red más potente, adecuada para una amplia aceptación.

Comparación de velocidad de transacción

TPS de varias redes

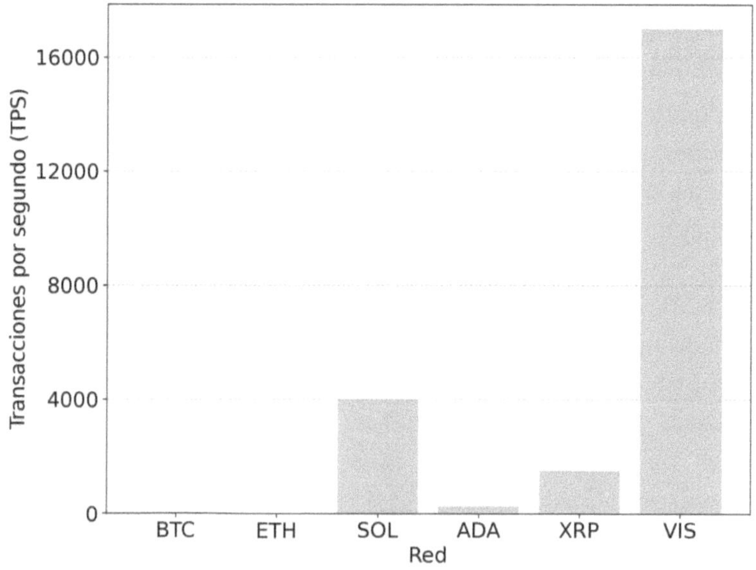

ADA: Cardano

ETH: Ethereum

VIS: Visa

BTC: Bitcoin

SOL: Solana

XRP: Ripple

Este gráfico destaca la importante disparidad en el rendimiento de las transacciones en diferentes redes blockchain. El sistema centralizado de Visa demuestra un alto TPS, lo que refleja su capacidad para manejar un gran volumen de transacciones. Si bien algunas criptomonedas como Solana cuentan con un impresionante TPS en comparación con otras, todavía están por debajo de las capacidades de Visa. Esta diferencia subraya los desafíos de escalabilidad que enfrentan las redes descentralizadas y los esfuerzos continuos para mejorar el rendimiento de las transacciones para una adopción más amplia.

Consumo de Energía

El consumo de energía de las criptomonedas varía considerablemente y depende en gran medida del mecanismo de consenso utilizado. Mientras que Proof-of-Work (PoW) – como lo utiliza Bitcoin – requiere un alto consumo de energía debido a la resolución de complejos problemas computacionales, los métodos alternativos como Proof-of-Stake (PoS) son significativamente más eficientes. [s27] En PoS, la validación de transacciones no se asegura mediante potencia de cálculo, sino a través de la posesión y el bloqueo de monedas. Esta diferencia en el proceso de validación conduce a un consumo de energía considerablemente menor en redes basadas en PoS. Por lo tanto, la elección de una criptomoneda influye directamente en la huella ecológica. Comparar el consumo de energía de diferentes criptomonedas antes de realizar una inversión puede ayudar a elegir una opción más sostenible.

La eficiencia energética del equipo de mining es otro factor importante. El hardware especializado, como ASICs (Circuitos Integrados de Aplicación Específica), ofrece una alta potencia de cálculo, pero también puede generar un alto consumo de energía. [s27] Por lo tanto, la selección del hardware de minería debe ser cuidadosamente considerada, teniendo en cuenta la relación entre potencia de cálculo y consumo de energía. Aquellos que optan por dispositivos más antiguos y menos eficientes contribuyen a un mayor consumo total de energía de la red y, al mismo tiempo, reducen su propia rentabilidad. No solo Bitcoin, sino también otras criptomonedas que utilizan PoW, contribuyen al consumo global de energía. [s27] Por lo tanto, la consideración del consumo de energía debe incluir todas las monedas y tokens minables para obtener una imagen completa de los impactos ecológicos. La capitalización de

ASIC [i21]

mercado de una criptomoneda por sí sola no es un indicador suficiente de su necesidad energética. Algunas criptomonedas con una capitalización de mercado relativamente baja pueden tener un consumo de energía desproporcionadamente alto debido a algoritmos ineficientes o hardware de minería obsoleto. Un vistazo al consumo de energía por transacción o por bloque puede proporcionar información adicional y mejorar la comparabilidad entre diferentes criptomonedas. Una decisión de inversión informada debe considerar tanto aspectos financieros como ecológicos.

Bueno saber

ASIC

Circuitos Integrados de Aplicación Específica. Hardware especializado diseñado para la minería de ciertas criptomonedas. Los ASICs ofrecen una alta potencia de cálculo, pero también pueden tener un alto consumo de energía. La eficiencia y el consumo de energía varían según el modelo y la criptomoneda minada.

Proof-of-Stake

Un mecanismo de consenso en el que la validación de transacciones se realiza mediante la posesión y el bloqueo (staking) de la criptomoneda correspondiente. En comparación con Proof-of-Work, Proof-of-Stake requiere significativamente menos energía, ya que no se necesita potencia de cálculo para resolver problemas complejos.

Proof-of-Work

Un mecanismo de consenso en el que los mineros resuelven problemas computacionales complejos para validar transacciones y agregar nuevos bloques a la cadena de bloques. El consumo de energía es más alto en comparación con otros mecanismos, ya que los mineros necesitan mucha potencia de cálculo para tener éxito en la competencia.

Consumo de energía de las redes de criptomonedas

Comparación del uso de energía entre diferentes redes de criptomonedas.

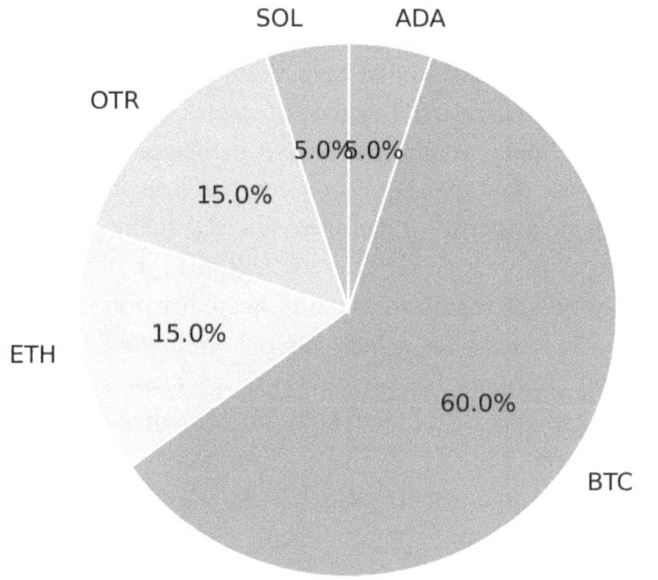

ADA: Cardano (PdP)

BTC: Bitcoin (PdT)

ETH: Ethereum (PdP)

OTR: Otras Redes

SOL: Solana (PdH)

El mecanismo de prueba de trabajo de Bitcoin consume una parte significativa de la energía total, lo que destaca la necesidad de mecanismos de consenso más eficientes energéticamente. Si bien las redes más nuevas como Cardano y Solana, basadas en Prueba de participación, consumen considerablemente menos energía, sus tamaños de red y volúmenes de transacciones generales también son más pequeños. Esto ilustra el desafío continuo de equilibrar la seguridad y la descentralización con la sostenibilidad en el espacio de las criptomonedas.

Escalabilidad

La escalabilidad describe la capacidad de una red para manejar un volumen creciente de transacciones sin sufrir pérdidas de rendimiento. Un aspecto importante es la capacidad de transacción, medida en transacciones por segundo (tps). Una red con baja TPS puede verse sobrecargada en momentos de alta demanda, lo que resulta en tiempos de procesamiento más largos y tarifas más altas. Existen diferentes enfoques que intentan mejorar la escalabilidad. Además de los ya mencionados DAGs, existen llamadas soluciones de capa 2, que procesan transacciones fuera de la cadena de bloques principal y solo envían resultados agrupados a la cadena principal. Un ejemplo de esto es la Red Lightning para Bitcoin. Un usuario que realiza regularmente transacciones pequeñas de Bitcoin se beneficia de las transacciones más rápidas y económicas que permite la Red Lightning. También las soluciones de escalado en cadena, como el aumento del tamaño de bloque o la implementación del protocolo Segregated Witness (SegWit), pueden aumentar la capacidad de transacción directamente en la cadena de bloques. Además de la capacidad de transacción pura, otros factores influyen en la escalabilidad. La latencia de red, es decir, el tiempo que necesita una transacción para ser confirmada en la red, es crucial para la experiencia del usuario. Una alta latencia puede causar retrasos en los pagos y otras aplicaciones. La capacidad de almacenamiento de la red también es relevante, ya que todos los datos de transacción deben ser almacenados. Un volumen de datos en constante crecimiento puede aumentar las demandas sobre los operadores de nodos y poner en peligro la descentralización de la red si solo unos pocos ordenadores potentes pueden almacenar toda la cadena de bloques. Otro punto es el ancho de banda, que describe la tasa de transferencia de datos en la red. Un ancho de banda insuficiente puede causar cuellos de botella y limitar la velocidad de transacción. Al evaluar la escalabilidad de una criptomoneda, los inversores no deben considerar solo el rendimiento actual, sino también el potencial de crecimiento futuro. Una red que hoy escala bien puede enfrentar límites en el futuro si el número de usuarios aumenta drásticamente. El desarrollo e

implementación de soluciones de escalado es, por lo tanto, un proceso continuo. Preste atención a la hoja de ruta del proyecto y las medidas planificadas para mejorar la escalabilidad durante su investigación. Infórmese sobre la comunidad y los desarrolladores detrás del proyecto para evaluar su competencia y compromiso en este ámbito. Un equipo de desarrollo activo y una comunidad comprometida son indicadores importantes de la escalabilidad a largo plazo y el éxito de una criptomoneda. Compare diferentes proyectos y sus enfoques para la escalabilidad para identificar la criptomoneda adecuada para su estrategia de inversión. La escalabilidad es un tema complejo con muchas facetas. Una comprensión profunda de los diferentes aspectos le ayudará a tomar decisiones informadas y a evaluar mejor los riesgos y oportunidades en el mercado de criptomonedas.

Comparación de escalabilidad de red

Comparación del rendimiento de las transacciones para diferentes tipos de redes.

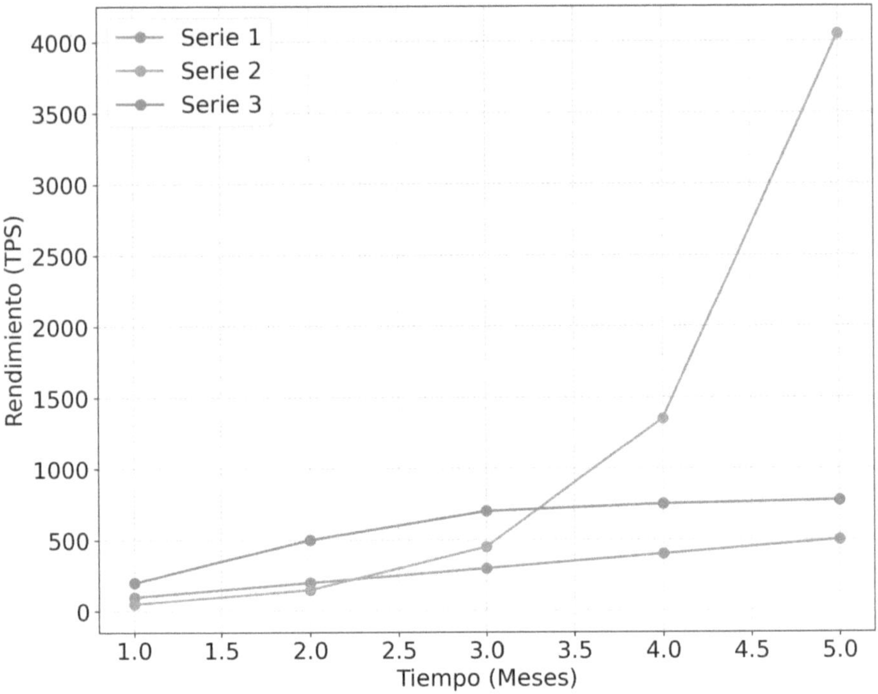

Este gráfico ilustra el potencial de crecimiento y escalabilidad de diferentes redes. La Red A demuestra un crecimiento lineal constante, adecuado para una expansión estable. La Red B exhibe un crecimiento exponencial, lo que sugiere un potencial de escalamiento rápido y un alto rendimiento de transacciones. La Red C muestra un rápido crecimiento inicial que se estabiliza, lo que indica limitaciones en su escalabilidad después de cierto punto.

Consejos concretos

- Compare la media del tiempo de bloque de Bitcoin y Ethereum y analice cómo esto influye en los tiempos de confirmación de las transacciones.
- Evalúe el impacto de los diferentes tamaños de bloque de Bitcoin y Ethereum en la escalabilidad de ambas redes.
- Cree una tabla que contraste los principales parámetros de la red de Bitcoin y Ethereum (por ejemplo, tarifas de transacción, tiempo de bloque, tamaño de bloque).
- Analice cómo la implementación de sharding en Ethereum afecta la velocidad de transacción y la escalabilidad en comparación con Bitcoin.
- Compare el desarrollo de las direcciones activas en ambas redes para estimar la actividad de los usuarios y el potencial de crecimiento.
- Examine las diferencias en los mecanismos de seguridad de ambas redes y evalúe su influencia en la vulnerabilidad a ataques.
- Observe la tasa de hash de ambas redes durante un período prolongado para juzgar la estabilidad y seguridad de cada blockchain.
- Compare la descentralización de ambas redes en función de la distribución de los pools de minería o nodos de staking.
- Analice los diferentes enfoques de Bitcoin y Ethereum para abordar el problema de escalabilidad y evalúe sus perspectivas de éxito a largo plazo.
- Compare el tamaño de la comunidad y la actividad de los desarrolladores de ambos proyectos para evaluar su capacidad de innovación y viabilidad futura.

4. 2 Áreas de Aplicación

Bitcoin y Ethereum ofrecen mucho más que solo oportunidades de especulación. Esta sección destaca las aplicaciones prácticas de ambas criptomonedas, desde soluciones básicas de pago hasta aplicaciones descentralizadas complejas. Se consideran desafíos como la escalabilidad, la seguridad y las barreras regulatorias, así como el potencial para innovaciones en áreas como la gestión de la cadena de suministro, la identidad digital y los servicios financieros descentralizados. Descubra el poder transformador de Bitcoin y Ethereum y su potencial para cambiar fundamentalmente los sistemas establecidos.

La tecnología blockchain no solo permite criptomonedas, sino diversas aplicaciones como el procesamiento seguro de pagos, contratos automatizados y aplicaciones descentralizadas resistentes a la censura, que aumentan la transparencia y la eficiencia en diferentes sectores.

Transacciones

Las criptomonedas ofrecen nuevas oportunidades en el ámbito de los pagos, que se diferencian de los sistemas tradicionales. Un aspecto clave es la descentralización. Las transacciones se realizan directamente entre las partes involucradas, sin bancos u otras instituciones financieras como intermediarios [s28]. Esto puede reducir tanto las comisiones de transacción como los tiempos de procesamiento. Otra ventaja radica en la transparencia. Todas las transacciones se registran en la blockchain, un libro mayor público, distribuido y a prueba de manipulaciones. Esto aumenta la trazabilidad y la confianza en el sistema, ya que todos los participantes pueden ver el historial de transacciones [s28]. La tecnología blockchain también minimiza el riesgo de doble gasto, un problema que puede surgir en los pagos digitales convencionales. Al registrar de manera única e inmutable cada transacción en la blockchain, se asegura que una unidad de moneda digital no pueda gastarse más de una vez [s28]. Las monedas digitales basadas en la tecnología blockchain permiten transacciones seguras, transparentes y eficientes sin intermediarios, lo que reduce los costos de transacción [s28]. La blockchain puede automatizar procesos de contabilidad, lo que lleva a un aumento adicional de la eficiencia en los pagos [s28]. Más allá de las transacciones de pago puras, las criptomonedas y la tecnología blockchain subyacente tienen potencial para más aplicaciones en el ámbito financiero. Por ejemplo, los programas de lealtad pueden gestionarse a través de la blockchain. Esto hace que la gestión de puntos de lealtad sea más segura y transparente, ya que cada participante puede verificar la validez y el historial de sus puntos. De este modo, se pueden evitar disputas sobre saldos de puntos [s28]. La gestión de identidades también puede mejorarse mediante la tecnología blockchain. Los usuarios pueden compartir sus documentos de identidad de manera selectiva y segura con partes de confianza, sin necesidad de instancias centrales [s28]. Una empresa podría automatizar la nómina mediante smart_contracts. El pago de los salarios se realizaría automáticamente una vez que se cumplan ciertas condiciones predefinidas. La blockchain mejora las capacidades de auditoría e informes de las organizaciones, lo que aumenta la calidad del servicio [s28]. El uso de la blockchain puede mejorar la eficiencia en el seguimiento y la trazabilidad a través de un protocolo inmutable [s28]. Un importador de vino podría, por ejemplo, documentar cada paso del transporte de una botella de vino, desde el viñedo hasta la estantería, en la blockchain. Esto permite una trazabilidad completa y aumenta la transparencia para el consumidor.

Contratos Inteligentes

Los contratos inteligentes (Smart Contracts) amplían las posibilidades de la blockchain más allá de las transacciones puras y permiten la automatización de procesos complejos. Funcionan según el principio de "Si-Entonces": una vez que se cumplen las condiciones preestablecidas, el proceso estipulado en el contrato se ejecuta automáticamente. Esta ejecución automatizada minimiza la necesidad de intermediarios y aumenta la eficiencia y velocidad de los procesos. Piense en un contrato de alquiler: una vez que el pago del alquiler ha sido recibido en la cuenta del arrendador, el inquilino recibe automáticamente la llave digital del apartamento. Los contratos inteligentes también ofrecen más transparencia y seguridad, ya que todos los términos del contrato y su cumplimiento se documentan y almacenan de manera inmutable en la blockchain. La arquitectura de tales sistemas está construida en múltiples capas, con capas de usuario, aplicación, blockchain y comunicación que interactúan para garantizar transacciones contractuales seguras y eficientes. En el ámbito de la salud, la interoperabilidad de diferentes redes blockchain podría mejorarse mediante contratos inteligentes. Por ejemplo, los datos de los pacientes podrían intercambiarse de manera segura y automatizada entre diferentes hospitales o médicos, una vez que se obtenga el consentimiento del paciente. Esto no solo reduciría la carga administrativa, sino que también mejoraría la calidad del tratamiento. Otro ámbito de aplicación se encuentra en la logística de la cadena de suministro. Aquí, los contratos inteligentes pueden rastrear y documentar automáticamente los pasos individuales de una entrega, desde el pedido hasta la entrega. Si no se cumple un plazo de entrega específico, por ejemplo, se podría activar automáticamente una compensación al cliente.

Bueno saber

Interoperabilidad

La capacidad de diferentes sistemas o redes para comunicarse e intercambiar datos. En el contexto de la blockchain, la interoperabilidad permite la interacción fluida entre diferentes blockchains.

Smart Contracts

Contratos que se ejecutan automáticamente en la blockchain, que automatizan transacciones y otros acuerdos una vez que se cumplen ciertas condiciones. Esto permite procesos seguros y eficientes sin intermediarios.

Casos de uso de contratos inteligentes por complejidad, costo y uso

Visualización de la relación entre la complejidad, el costo y el uso de varias aplicaciones de contratos inteligentes.

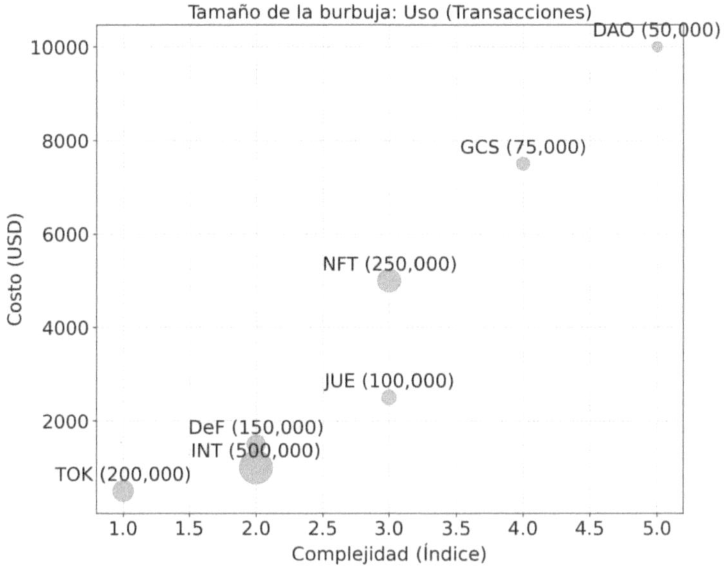

Blasengröße: Uso (Transacciones)

DAO: Organización Autónoma Descentralizada

DeF: Préstamos/DeFi

GCS: Gestión de la Cadena de Suministro

INT: Intercambio Descentralizado

JUE: Juegos/Metaverso

NFT: Mercado NFT

TOK: Creación de Tokens

Las aplicaciones de alto uso como los intercambios descentralizados (INT) y los mercados de NFT tienden a tener una complejidad y un costo moderados. Mientras que las aplicaciones más complejas como las organizaciones autónomas descentralizadas (DAO) y la gestión de la cadena de suministro tienen un uso menor, posiblemente debido a los mayores costos de desarrollo y las barreras técnicas. Las aplicaciones más simples, como la creación de tokens, ven un uso moderado y un bajo costo, lo que sugiere accesibilidad para un público más amplio.

Aplicaciones Descentralizadas

Las aplicaciones descentralizadas (dApps) utilizan la tecnología blockchain para ofrecer funciones que tradicionalmente son proporcionadas por instancias centrales. A diferencia de las aplicaciones convencionales, que funcionan en servidores centrales, las dApps están distribuidas en una red descentralizada. Esta arquitectura ofrece varias ventajas. La resistencia a la censura es un aspecto importante: dado que no existe una instancia de control central, es difícil apagar o censurar las dApps. Un blogger podría utilizar una dApp para publicar su contenido sin temor a que sus artículos sean eliminados por una plataforma. Otra ventaja es la mayor seguridad. Dado que los datos se almacenan en muchas computadoras de la red, el sistema es más resistente a ataques de hackers. Los ataques a un solo servidor no afectarían la funcionalidad de la dApp. Además, las dApps ofrecen transparencia, ya que el código y las transacciones son accesibles públicamente. Los usuarios pueden así comprender y verificar el funcionamiento de la aplicación. Las dApps abren nuevas posibilidades para la interacción con servicios digitales y ofrecen más control y seguridad para los usuarios. Por ejemplo, podrían surgir mercados descentralizados donde los usuarios puedan comerciar directamente entre sí, sin intermediarios. La blockchain sirve como base para transacciones seguras y transparentes. A través de la arquitectura descentralizada y el uso de criptomonedas, las dApps también pueden crear nuevos modelos de negocio y oportunidades de monetización. El análisis de transacciones en dApps, como en el juego descentralizado, puede proporcionar valiosos conocimientos sobre el comportamiento del usuario y los mecanismos del mercado.

Mercados Descentralizados

Mercados en línea que se basan en la tecnología blockchain y permiten a los usuarios comerciar directamente entre sí, sin intermediarios. Se utilizan criptomonedas para los pagos y la blockchain garantiza la seguridad y transparencia de las transacciones.

Resistencia a la Censura

Propiedad de las dApps que, debido a su naturaleza descentralizada, no pueden ser censuradas o apagadas por gobiernos o instituciones. Esto permite la libre expresión y difusión de información, independientemente de las instancias de control central.

Categorías de Aplicaciones Descentralizadas (DApp)

Distribución de DApps en diferentes sectores.

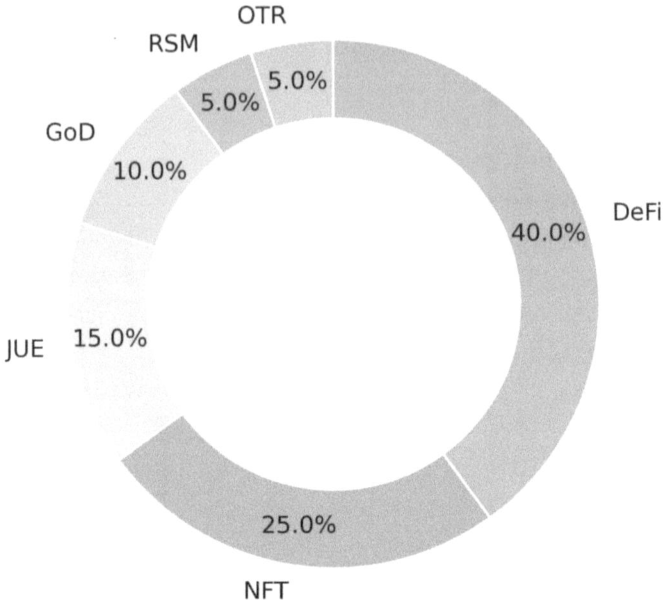

DeFi: Finanzas Descentralizadas (DeFi)

JUE: Juegos

OTR: Otros

GoD: Gobernanza Descentralizada

NFT: NFT y Arte Digital

RSM: Redes Sociales y Contenido

El segmento más grande del ecosistema DApp está dominado por las aplicaciones DeFi, lo que destaca el gran interés en las finanzas descentralizadas. Los NFT y los juegos representan una parte sustancial, lo que demuestra la creciente popularidad de la propiedad digital y las experiencias interactivas basadas en blockchain. Si bien otras categorías como Gobernanza Descentralizada y Redes Sociales tienen una participación menor, indican una exploración y un desarrollo continuos en estas áreas, lo que sugiere un posible crecimiento futuro.

Consejos concretos

- Utilice Bitcoin para comprar bienes internacionalmente y ahorre en tarifas de cambio.
- Acepte Ethereum como método de pago en su tienda en línea y acceda a nuevos grupos de clientes.
- Abra una cuenta de ahorro en Bitcoin y benefíciese de la apreciación del valor.
- Deposite una parte de su patrimonio en Ethereum como garantía para un préstamo y aproveche la liquidez.
- Desarrolle un sistema de propinas descentralizado basado en Ethereum para su sitio web o comunidad.
- Fundar una cooperativa que realice inversiones en energías renovables con Bitcoin.
- Organice un círculo de intercambio local que utilice Bitcoin como moneda interna.
- Desarrolle una dApp en Ethereum que facilite el intercambio de productos regionales.
- Utilice contratos inteligentes en Ethereum para organizar campañas de donación automatizadas para fines benéficos.
- Cree un sistema de evaluación descentralizado para servicios basado en Ethereum.
- Promueva a artistas locales vendiendo sus obras como NFTs en Ethereum.
- Desarrolle un sistema basado en Ethereum para alquilar recursos no utilizados como herramientas o vehículos.

4. 3 Potencial de Desarrollo

Bitcoin y Ethereum, las principales criptomonedas, están en el centro de un constante desarrollo. Las actualizaciones de la red, los cambios en los protocolos y las mejoras técnicas influyen en la escalabilidad, la seguridad y la funcionalidad, factores decisivos para su futura utilidad y aceptación. Al mismo tiempo, estos desarrollos presentan desafíos, como garantizar la compatibilidad hacia atrás o adaptarse a los requisitos regulatorios. Comprenda los motores y obstáculos de la innovación para captar plenamente el potencial de estas criptomonedas.

El potencial de desarrollo de una criptomoneda depende en gran medida de la evolución activa y transparente de su tecnología, gobernanza y capacidad de adaptación regulatoria.

Mejoras Técnicas

Las mejoras técnicas en el ámbito de las criptomonedas influyen en las transacciones, la seguridad y las posibilidades de aplicación. La tecnología blockchain subyacente ofrece un libro mayor transparente e inmutable, que puede mejorar la presentación de informes financieros [s29]. Esto genera registros a prueba de manipulaciones de transacciones, lo que hace que los procesos de auditoría sean más eficientes y precisos. En lugar de buscar y verificar tediosamente los recibos, los auditores podrían acceder directamente al historial completo de transacciones en la blockchain. Otro aspecto es la automatización a través de smart_contracts. Estos contratos autoejecutables permiten procesos de auditoría automatizados, lo que ahorra tiempo y recursos [s29]. Por ejemplo, un contrato inteligente podría desencadenar automáticamente pagos tan pronto como se cumplan ciertas condiciones y al mismo tiempo documentar la transacción en el libro mayor inmutable. Esto reduce el esfuerzo manual y minimiza el riesgo de errores. Debido a la naturaleza descentralizada de la tecnología blockchain, pueden surgir nuevos modelos de negocio que funcionan sin intermediarios como bancos o proveedores de servicios de pago [s29]. Esto permite interacciones más directas entre los participantes del mercado y puede llevar a ahorros de costos. Piense en las transferencias internacionales, que podrían procesarse de manera significativamente más rápida y económica a través de la tecnología blockchain que por medios bancarios tradicionales. A pesar del potencial, también existen obstáculos técnicos. La skalierbarkeit, es decir, la capacidad de procesar un número creciente de transacciones, y la interoperabilitaet, la compatibilidad de diferentes sistemas blockchain, son cruciales para la aceptación generalizada en la contabilidad y la auditoría [s29]. Si un sistema no puede mantenerse al día con el volumen creciente de transacciones o no es compatible con otros sistemas, su utilidad se ve limitada. El

desarrollo de normas contables adecuadas para las monedas digitales también es importante para garantizar la transparencia y la precisión en la presentación de informes financieros [s29]. Para comparar: al igual que con los activos tradicionales, deben establecerse reglas claras para la valoración y contabilidad de las criptomonedas para garantizar una imagen uniforme y confiable de la situación financiera. Por lo tanto, los desarrollos futuros deberían centrarse en aspectos regulatorios y de gobernanza, así como en los riesgos asociados [s29]. Estos riesgos incluyen, entre otros, vulnerabilidades en los contratos inteligentes o la susceptibilidad a ataques de hackers. La continua evolución de la tecnología y la adaptación de los marcos regulatorios son cruciales para aprovechar al máximo el potencial de las criptomonedas y la blockchain en el sector financiero.

Gobernanza

La gobernanza en el contexto de las criptomonedas se refiere a las reglas, procesos y estructuras que rigen el desarrollo y la gestión de los sistemas blockchain. Una buena gobernanza es importante para la estabilidad y la confianza en el mercado cripto.

Normas Contables

Normas contables claras para activos digitales son necesarias para garantizar la transparencia y la comparabilidad en la presentación de informes financieros. Definen cómo deben valorarse, contabilizarse y presentarse las criptomonedas en los estados financieros.

Tecnología Blockchain

La tecnología blockchain puede mejorar la presentación de informes financieros al ofrecer un sistema a prueba de manipulaciones y transparente para registrar transacciones, que permite a los auditores acceder directamente al historial completo de transacciones.

Precio y tasa de hash hipotéticos de Bitcoin

Ilustra la correlación entre el precio de Bitcoin y la tasa de hash de la red.

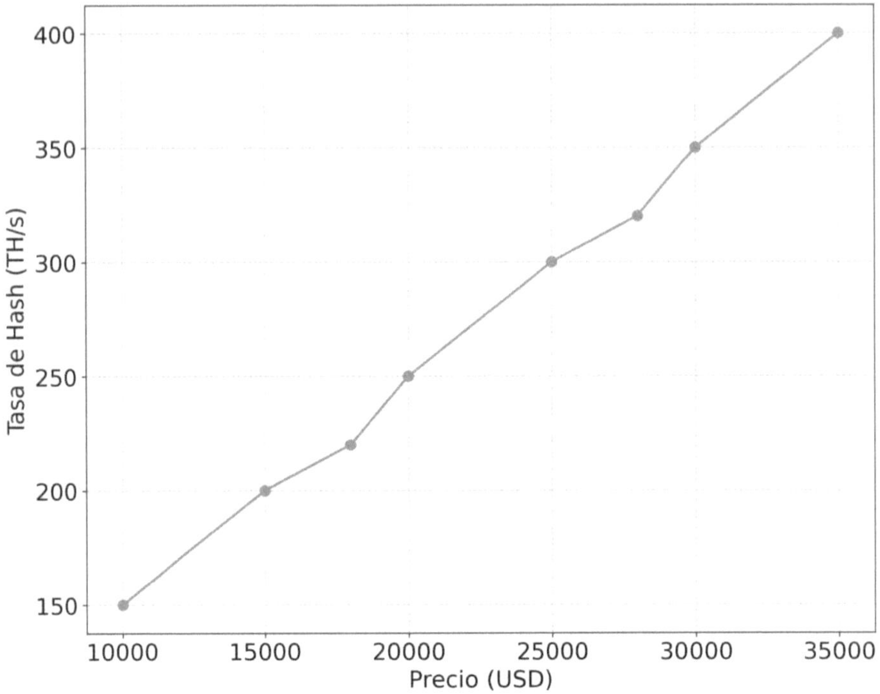

El gráfico muestra una correlación positiva, lo que sugiere que a medida que aumenta el precio de Bitcoin, también lo hace la tasa de hash de la red, lo que indica una mayor participación de los mineros y la seguridad de la red. Por el contrario, las caídas de precios pueden conducir a tasas de hash más bajas a medida que algunos mineros se vuelven menos rentables.

Actualizaciones de la Red

Las actualizaciones de la red son la columna vertebral del desarrollo de las criptomonedas y son esenciales para su éxito a largo plazo. Sirven para mejorar varios aspectos, desde la seguridad y la eficiencia hasta la introducción de nuevas funciones. Estos cambios a menudo se implementan a través de un proceso de gobernanza descentralizado, donde la comunidad de tenedores de tokens vota sobre las actualizaciones propuestas. Un punto importante en las actualizaciones de la red es la llamada compatibilidad hacia atrás. Esto asegura que las versiones anteriores del software puedan seguir interactuando con la blockchain actualizada, garantizando una transición fluida. Si falta esta compatibilidad, puede haber una bifurcación de la blockchain, un llamado fork, donde dos versiones separadas de la blockchain existen en paralelo. La observación del sentimiento y la actividad de la comunidad de desarrolladores puede ofrecer valiosos conocimientos sobre el desarrollo futuro de una criptomoneda. Una comunidad de desarrolladores activa y positiva a menudo señala un desarrollo saludable y puede indicar futuras innovaciones. Por el contrario, una comunidad de desarrolladores estancada o negativa puede señalar problemas potenciales o falta de progreso. Esto subraya la importancia de analizar la dinámica dentro de la comunidad de desarrolladores para poder evaluar

mejor el potencial de una criptomoneda. A través de la actualización regular de la red, las criptomonedas no solo pueden mantenerse al día con la tecnología, sino también responder a las necesidades cambiantes de los usuarios, consolidando así su posición en el mercado. Un ejemplo de esto es la integración de la lightningnetzwerk en Bitcoin, que aumenta significativamente la velocidad de las transacciones y reduce las tarifas de transacción sin comprometer la seguridad de la red. Este tipo de desarrollo es crucial para mejorar la skalierbarkeit de las criptomonedas y hacerlas más prácticas para el uso diario. Por lo tanto, un inversor atento debería seguir de cerca las actualizaciones de red planificadas y realizadas de una criptomoneda para poder evaluar mejor su potencial y desarrollo futuro.

Actualizaciones de Red y el Potencial de Bitcoin

Impacto de las Actualizaciones de Red en la Escalabilidad y Adopción de Bitcoin

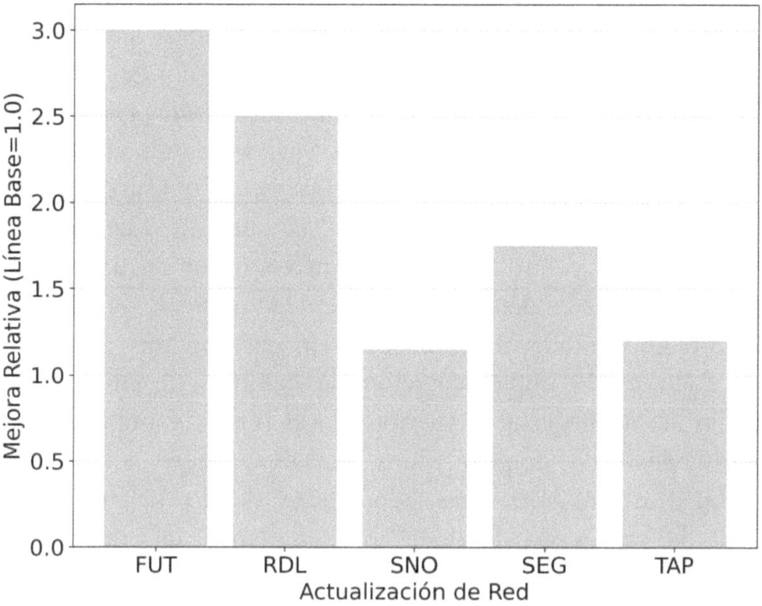

FUT: Mejoras Potenciales Futuras

RDL: Red de Rayos (Lanzamiento de Mainnet 2018)

SEG: SegWit (Agosto 2017)

SNO: Firmas Schnorr (Parte de Taproot)

TAP: Taproot (Noviembre 2021)

El gráfico destaca una correlación positiva significativa entre las actualizaciones de red y el potencial de Bitcoin. Actualizaciones clave como SegWit y Taproot mejoraron demostrablemente el rendimiento y la eficiencia de las transacciones, allanando el camino para una adopción más amplia. Si bien algunas actualizaciones mostraron un impacto más gradual, la tendencia general apunta a una mejora continua y un potencial de crecimiento para la red Bitcoin.

Cambios de Protocolo

Los cambios de protocolo en criptomonedas son ajustes del software subyacente que alteran el funcionamiento de la red. Estas modificaciones pueden perseguir diversos objetivos, como mejorar la skalierbarkeit, la seguridad o la implementación de nuevas funciones. Los cambios en el protocolo suelen llevarse a cabo a través de un mecanismo de consenso que requiere la aprobación de los participantes de la red. [s30] Un ejemplo es la introducción de SegWit (Testigo Segregado) en el protocolo de Bitcoin. Al externalizar los datos de firma de las transacciones, se creó espacio para más transacciones por bloque, lo que aumentó la capacidad de transacción de la red. Un inversor que analiza el potencial de una criptomoneda debe examinar cuidadosamente la historia y el proceso de los cambios de protocolo. Un enfoque transparente y bien documentado en la implementación de cambios de protocolo puede indicar un desarrollo estable y orientado al futuro. Cambios frecuentes, descoordinados o controvertidos pueden, en cambio, señalar inestabilidad o problemas de gobernanza dentro del proyecto. Los cambios de protocolo también pueden tener un impacto en la abwaertskompatibilitaet. Las versiones de software más antiguas pueden no ser compatibles con la blockchain actualizada. Esto puede llevar a una llamada bifurcación dura, donde la blockchain se divide y surgen dos redes separadas con diferentes protocolos. Un ejemplo de consideraciones regulatorias en el contexto de los cambios de protocolo es la discusión sobre características de privacidad. Algunos cambios de protocolo propuestos buscan aumentar la privacidad de los usuarios, lo que puede entrar en conflicto con los requisitos regulatorios para combatir el lavado de dinero. [s30] Por lo tanto, considerar tales aspectos regulatorios es esencial para la aceptación y el éxito a largo plazo de una criptomoneda. Otro punto es considerar el impacto de los cambios de protocolo en la seguridad de la red. Aunque los cambios a menudo buscan mejorar la seguridad,

también pueden generar vulnerabilidades imprevistas. Por lo tanto, una revisión exhaustiva y una fase de prueba antes de la implementación son esenciales. Para los inversores, es aconsejable informarse sobre los cambios de protocolo planificados y analizar sus posibles impactos en los diferentes aspectos de la criptomoneda, como escalabilidad, seguridad, funcionalidad y conformidad regulatoria. Esta información puede proporcionar valiosas pistas sobre el desarrollo futuro y el potencial de la criptomoneda.

Blanqueo de capitales [i22]

Impacto de los Cambios de Protocolo en Bitcoin

Visualización del impacto potencial de los cambios del protocolo Bitcoin según su alcance y beneficios potenciales.

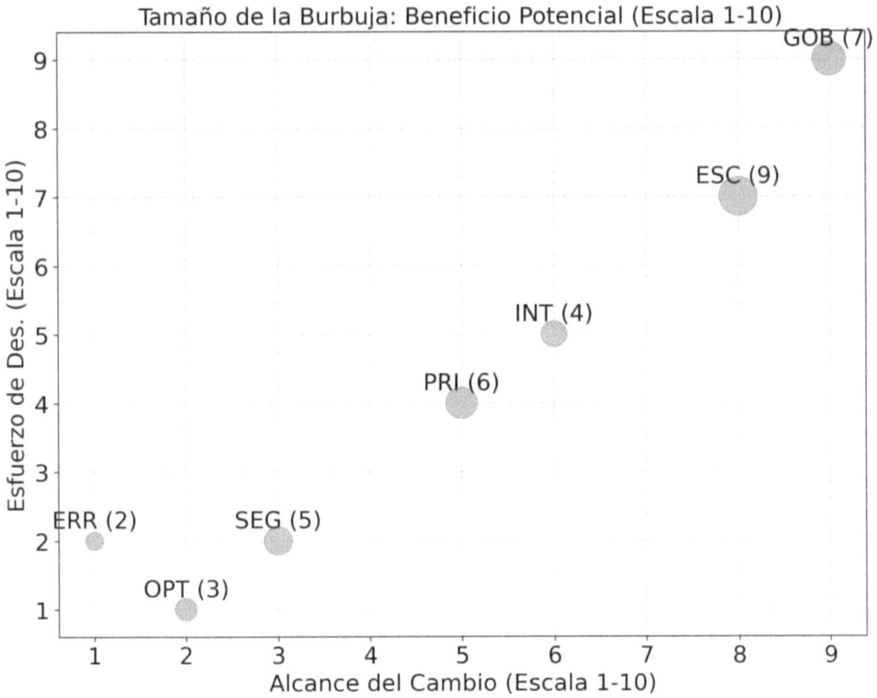

Blasengröße: Beneficio Potencial (Escala 1-10)

ERR: Corrección de Errores

GOB: Cambio de Gobernanza

OPT: Optimización Menor

SEG: Mejora de Seguridad

ESC: Mejora de Escalabilidad

INT: Integración de Contratos Inteligentes

PRI: Mejora de Privacidad

Las burbujas más grandes indican mayores beneficios potenciales. Los cambios con un alcance más amplio tienden a ofrecer también mayores beneficios potenciales, pero también conllevan un mayor riesgo. Algunos cambios de menor alcance pueden ofrecer beneficios significativos con una complejidad de implementación potencialmente menor.

Consejos concretos

- Realice un seguimiento del desarrollo de organizaciones autónomas descentralizadas (DAOs) y examine cómo podrían influir en la gobernanza de Bitcoin y Ethereum.
- Desarrolle un concepto para una aplicación descentralizada (dApp) que combine las fortalezas de Bitcoin y Ethereum, por ejemplo, para micropagos con Bitcoin a través de la red Ethereum.
- Analice el impacto de soluciones de capa 2 como la red Lightning para Bitcoin y los rollups para Ethereum en su interoperabilidad.
- Investigue las posibilidades de puentes entre cadenas y evalúe su potencial para el intercambio de valor y datos entre Bitcoin y Ethereum.
- Considere cómo la creciente adopción de stablecoins podría afectar el papel de Bitcoin y Ethereum como reserva de valor.
- Desarrolle una herramienta que compare y visualice la eficiencia energética de varios algoritmos de minería para Bitcoin y Ethereum.
- Siga el desarrollo de mecanismos de consenso alternativos a Proof-of-Work y Proof-of-Stake y evalúe su idoneidad para Bitcoin y Ethereum.
- Investigue las posibilidades de pruebas de conocimiento cero y su potencial de aplicación para mejorar la privacidad y escalabilidad de Bitcoin y Ethereum.
- Analice la influencia de los inversores institucionales en la evolución de precios de Bitcoin y Ethereum y desarrolle una estrategia de inversión correspondiente.
- Siga el desarrollo de soluciones de identidad descentralizada (DID) y su potencial de integración en los ecosistemas de Bitcoin y Ethereum.

Revisión - 4. Bitcoin y Ethereum

Bitcoin y Ethereum, las dos criptomonedas más prominentes, difieren fundamentalmente en su arquitectura y casos de uso. Bitcoin, concebido como un medio de pago digital, brilla por su posición establecida y estructura descentralizada, pero enfrenta problemas de escalabilidad que se manifiestan en velocidades de transacción lentas y, a veces, altas tarifas. Ethereum, en cambio, desarrollado como una plataforma para contratos inteligentes y aplicaciones descentralizadas (dApps), ofrece un espectro de posibilidades de aplicación mucho más amplio. La transición a Proof-of-Stake reduce significativamente el consumo de energía en comparación con el mecanismo Proof-of-Work de Bitcoin, pero al mismo tiempo plantea nuevos desafíos en términos de seguridad de la red. Estas diferencias fundamentales deben ser consideradas en su decisión de inversión.

Prácticamente, esto significa para usted: si está principalmente interesado en un activo digital que preserve su valor y tolera la volatilidad del mercado de criptomonedas, Bitcoin podría ser una opción adecuada. Preste atención al desarrollo de soluciones de capa 2 como Lightning Network, que abordan los problemas de escalabilidad de Bitcoin y mejoran su viabilidad en la vida cotidiana. Para transacciones pequeñas y regulares, Lightning Network ya es una opción atractiva. Sin embargo, si desea explorar el potencial de aplicaciones basadas en blockchain y servicios financieros descentralizados (DeFi), Ethereum, con su floreciente ecosistema de dApps y contratos inteligentes, ofrece una alternativa emocionante. Observe aquí los desarrollos en curso y las actualizaciones de la red que buscan optimizar aún más la escalabilidad y eficiencia de la red Ethereum.

La evaluación del consumo de energía es otro factor importante. Mientras que Bitcoin tiene una alta demanda de energía debido al mecanismo Proof-of-Work, Ethereum, tras su cambio a Proof-of-Stake, se presenta como una opción significativamente más ecológica. Considere este aspecto en su estrategia de sostenibilidad personal. Infórmese sobre el consumo de energía por transacción y la huella ecológica de cada criptomoneda. La elección del equipo de minería también juega un papel. Invierta en hardware moderno y eficiente en energía para promover tanto su rentabilidad como la sostenibilidad de la red.

El análisis de los aspectos técnicos, como la escalabilidad, las actualizaciones de la red y los cambios de protocolo, es esencial para tomar decisiones de inversión informadas. Siga las hojas de ruta de los proyectos, analice la actividad de la comunidad de desarrolladores y considere los desarrollos regulatorios. La dinámica del mercado de criptomonedas requiere una educación continua y la adaptación de su estrategia. Esté preparado para ajustar su cartera de acuerdo con los avances tecnológicos y las condiciones del mercado. El mundo de las criptomonedas ofrece inmensas oportunidades, pero también conlleva riesgos. Con una estrategia bien fundamentada y una disposición continua para aprender, puede aprovechar estas oportunidades y alcanzar sus objetivos financieros.

5. Creación de Patrimonio

¿Quién no sueña con construir una fortuna a través de inversiones inteligentes? La revolución digital de los mercados financieros abre posibilidades completamente nuevas, pero también conlleva riesgos significativos. Mientras que las formas de inversión tradicionales a menudo solo prometen rendimientos moderados, el mercado de criptomonedas atrae con oportunidades de ganancias espectaculares. Sin embargo, la gestión profesional de activos digitales requiere conocimientos sólidos y una estrategia bien pensada. En este capítulo, aprenderá cómo puede aprovechar sistemáticamente el enorme potencial de las criptomonedas para su construcción de patrimonio personal.

5. 1 Evaluación de Riesgos

Las criptomonedas ofrecen altas oportunidades de ganancia, pero conllevan riesgos significativos debido a su volatilidad y al entorno de mercado dinámico. Las fluctuaciones del mercado, las incertidumbres regulatorias y los desafíos técnicos influyen en las decisiones de inversión y pueden resultar en pérdidas considerables. Por lo tanto, una evaluación detallada de riesgos antes de cada inversión es esencial. Además de los conocidos factores macroeconómicos y la volatilidad del mercado de criptomonedas, también juegan un papel crucial los riesgos técnicos y operativos. Errores de software, vulnerabilidades de seguridad y la escalabilidad de las blockchains son solo algunos ejemplos de peligros potenciales. También deben considerarse las intervenciones regulatorias y sus efectos en los modelos de riesgo. Solo aquellos que comprenden los diversos factores de riesgo en el mercado de criptomonedas pueden tomar decisiones de inversión informadas y construir patrimonio a largo plazo. Siga leyendo para aprender las herramientas y estrategias necesarias para una gestión de riesgos efectiva.

En el volátil mercado de criptomonedas, una evaluación de riesgos integral que considere, además de modelos cuantitativos, factores cualitativos como incertidumbres regulatorias y riesgos técnicos, es crucial para tomar decisiones de inversión informadas.

Fluctuaciones del Mercado

Las criptomonedas están marcadas por fuertes oscilaciones de precios. Esta volatilidad influye en las decisiones de inversión y requiere una gestión de riesgos adaptada gestión de riesgos. Así, indicadores económicos volátiles como la inflación y el aumento de las tasas de interés pueden afectar negativamente los rendimientos de las criptomonedas. [s31] Por lo tanto, los inversores deben realizar análisis de riesgos exhaustivos, especialmente en empresas financieramente afectadas. [s31] La volatilidad puede llevar a cambios significativos en el valor en poco tiempo, por lo que una evaluación de riesgos detallada es esencial antes de cada decisión de inversión. [s31] El entorno regulatorio del país del inversor también influye en los riesgos. [s31] Una alta incertidumbre en la política económica reduce la confianza y conduce a menores inversiones y rendimientos. [s31] La inflación y el aumento de las tasas de interés agravan este efecto. [s31] Aunque la volatilidad está influenciada por factores macroeconómicos y puede servir como cobertura contra la incertidumbre económica, las criptomonedas no siempre funcionan como un refugio seguro. [s31] Además de las influencias macroeconómicas, la volatilidad es una característica inherente del mercado de criptomonedas. [s32] Este ofrece oportunidades de inversión, pero conlleva mayores riesgos en comparación con otras clases de activos. [s32] Todas las criptomonedas presentan movimientos de precios volátiles, incluso las más estables. [s32] Existen fuertes correlaciones positivas dentro del mercado, especialmente entre las principales criptomonedas. [s32] Así, las inversiones tanto en criptomonedas individuales como en carteras presentan riesgos extremos de pérdida. [s32] Métodos como la teoría de valores extremos combinada con modelos GARCH permiten una evaluación de riesgos integral. [s32] Los análisis muestran que todas las criptomonedas están expuestas a altas pérdidas potenciales. [s32] Esto subraya la necesidad de altos requisitos de capital para las instituciones financieras. Curiosamente, algunas plataformas pueden utilizar estratégicamente las fluctuaciones del mercado para mejorar su liquiditaet. [s33] Esto sugiere habilidades en la gestión de riesgos. [s33] Los activos de moneda digital pueden aumentar la liquidez, especialmente en plataformas que gestionan la volatilidad de manera efectiva. [s33] Así, las empresas pueden generar liquidez más rápidamente con monedas digitales que con inversiones tradicionales. [s33] La capacidad de mantener liquidez durante alta volatilidad ofrece una ventaja competitiva. [s33] Este conocimiento es especialmente relevante para los inversores que desean entender la volatilidad no solo como un riesgo, sino también como una oportunidad. Por lo tanto, es recomendable una estrategia diversificada que considere diferentes clases de activos y perfiles de riesgo.

Correlación
Relación estadística entre el desarrollo de precios de diferentes criptomonedas. Una alta correlación positiva significa que los precios se desarrollan de manera similar.

Entorno Regulatorio
Condiciones legales y regulaciones de un país que afectan a las criptomonedas y su comercio.

Estrategia Diversificada
Estrategia de inversión que diversifica el riesgo mediante inversiones en diferentes clases de activos y criptomonedas.

Gestión de Riesgos
Proceso de identificación, evaluación y control de riesgos asociados con inversiones en criptomonedas.

Perfil de Riesgo
Conjunto de características de riesgo de una inversión o cartera que describe la probabilidad y el impacto de posibles pérdidas.

Requisitos de Capital
Cantidad mínima de capital establecida por las autoridades reguladoras que las instituciones financieras deben mantener para soportar pérdidas de inversiones arriesgadas como las criptomonedas.

Teoría de Valores Extremos
Método estadístico para modelar y predecir eventos extremos, como caídas bruscas de precios en criptomonedas.

Impacto de la Volatilidad del Mercado

Impacto y volatilidad de las fluctuaciones del mercado de criptomonedas a lo largo del tiempo.

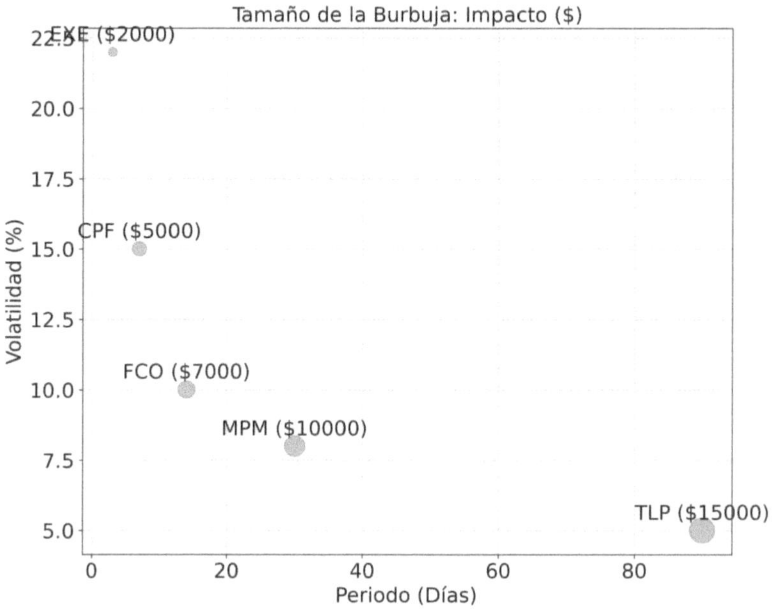

Blasengröße: Impacto ($)

CPF: Fluctuación a Corto Plazo

EXE: Evento Extremo

FCO: Fase de Corrección

MPM: Movimiento a Mediano Plazo

TLP: Tendencia a Largo Plazo

El gráfico revela una correlación entre la volatilidad y el impacto. Los períodos de alta volatilidad tienden a tener un mayor impacto, tanto positivo como negativo. Las fluctuaciones a corto plazo a menudo muestran una alta volatilidad pero un menor impacto general, mientras que las tendencias a largo plazo exhiben una menor volatilidad pero un impacto potencialmente significativo.

Riesgos Regulatorios

Los riesgos regulatorios representan un factor decisivo para las inversiones en criptomonedas. La clasificación de las monedas digitales por parte de las autoridades estatales influye en su estatus legal y, por lo tanto, en las oportunidades para los inversores. [s34] Así, la calificación como valor, mercancía o medio de pago puede tener diferentes consecuencias fiscales y regulatorias. La incertidumbre sobre la regulación futura dificulta la evaluación de riesgos y puede dar lugar a costos o restricciones inesperadas. La reacción de las instituciones financieras ante las criptomonedas subraya esta problemática. [s34] Su preocupación por perder su papel tradicional como intermediarios financieros puede favorecer más intervenciones regulatorias. Por lo tanto, los inversores deben observar de cerca el panorama regulatorio en las jurisdicciones relevantes y ajustar sus estrategias de manera flexible. Una diversifizierung a través de diferentes clases de activos y países puede ayudar a minimizar los riesgos regulatorios. Además de la clasificación, las medidas regulatorias también influyen en la precisión de los modelos de riesgo. [s35] Los kapitalanforderungen exigidos por las autoridades para las instituciones financieras que invierten en criptomonedas se basan en dichos modelos. Un ejemplo de esto es el cálculo del Value-at-Risk (VaR), que cuantifica las pérdidas potenciales. La elección del modelo adecuado y sus parámetros influye en la cantidad de requisitos de capital y, por lo tanto, en la rentabilidad de la inversión. Por ello, la validación y revisión continua de los modelos utilizados es esencial. [s35] Los modelos basados en cuantiles, que no hacen suposiciones específicas sobre la distribución de los rendimientos, pueden mejorar la precisión de la evaluación de riesgos y reducir el riesgo de interpretaciones erróneas. [s35] A través de la agregación de diferentes modelos de VaR, se puede aumentar aún más la fiabilidad de la evaluación de riesgos. Esto es especialmente relevante en el volátil mercado de

criptomonedas para evitar pérdidas inesperadas. Los inversores deben ser conscientes de las limitaciones de los modelos de riesgo y no basar sus decisiones únicamente en sus resultados. [s36] La consideración de factores adicionales, como la incertidumbre en el entorno regulatorio, es esencial para una decisión de inversión informada. Por ejemplo, la combinación de modelos cuantitativos con análisis cualitativos de los desarrollos regulatorios puede proporcionar una imagen más completa de los riesgos reales.

Intermediarios financieros

Los intermediarios financieros, como bancos y corredores, median entre ahorradores y prestatarios. Las criptomonedas podrían cambiar este papel tradicional al permitir transacciones directas, lo que puede llevar a ajustes regulatorios.

Medio de pago

Un medio de pago se utiliza para el intercambio de bienes y servicios. El reconocimiento de una criptomoneda como medio de pago permite su uso para transacciones cotidianas y puede fomentar su aceptación.

Modelos basados en cuantiles

Los modelos basados en cuantiles son métodos estadísticos que utilizan ciertos cuantiles de la distribución de rendimientos para evaluar riesgos, sin necesidad de hacer suposiciones específicas sobre la distribución de los rendimientos. Son especialmente útiles para la evaluación de riesgos de criptomonedas debido a su naturaleza volátil.

Modelo de riesgo

Un modelo de riesgo es un procedimiento matemático para calcular pérdidas potenciales. En relación con las criptomonedas, se utilizan modelos de riesgo para estimar la volatilidad y el potencial de pérdida de las inversiones.

Comparación de Riesgo Regulatorio

Regulación de Criptomonedas por País

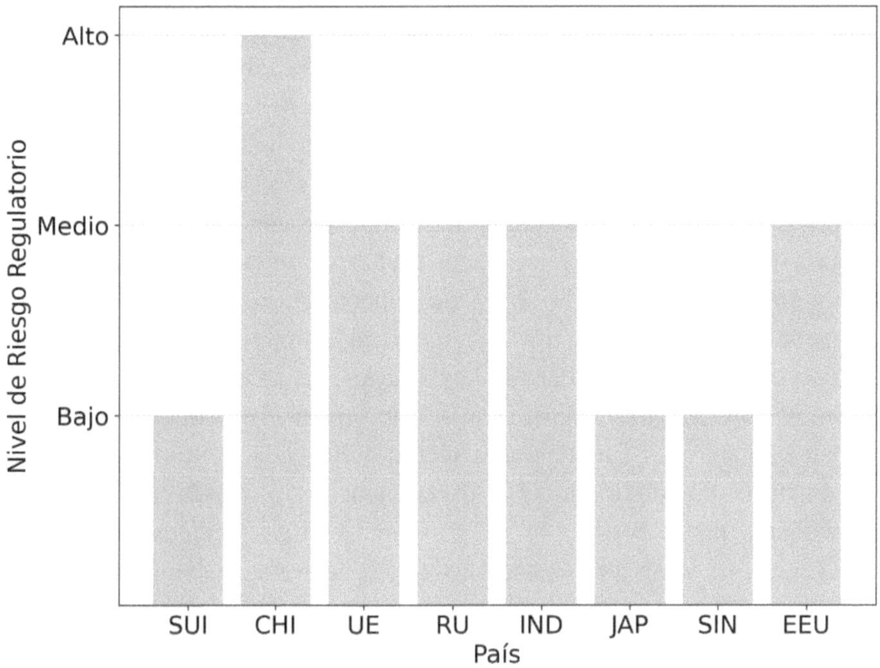

CHI: China

IND: India

RU: Reino Unido

SUI: Suiza

EEU: Estados Unidos

JAP: Japón

SIN: Singapur

UE: Unión Europea

Este gráfico destaca los diferentes niveles de riesgo regulatorio asociados con las criptomonedas en diferentes jurisdicciones. Las puntuaciones más altas indican un entorno regulatorio más restrictivo o incierto, lo que podría afectar el comercio, la inversión y la innovación dentro del espacio criptográfico. Los países con puntuaciones más bajas generalmente ofrecen un marco regulatorio más permisivo o claramente definido. Esta comparación subraya la importancia de considerar los entornos regulatorios al interactuar con las criptomonedas.

Riesgos Técnicos

Los riesgos técnicos en el mercado de criptomonedas afectan la tecnología subyacente y su vulnerabilidad a interrupciones o manipulaciones. Esto incluye errores de software en los protocolos de blockchain, que pueden llevar a brechas de seguridad y a la pérdida de activos. También el ataque del 51%, donde una sola entidad controla la mayoría de la potencia de cálculo en la red y puede manipular transacciones, representa un riesgo serio [s37]. Además, las fallas de hardware en los dispositivos de minería o en los centros de datos que operan la blockchain pueden causar interrupciones en la red. Otro aspecto es la skalierbarkeit de las blockchains. A medida que aumenta el número de transacciones, algunas redes pueden alcanzar sus límites, lo que lleva a retrasos y mayores tarifas de transacción. Los inversores deben examinar cuidadosamente los fundamentos técnicos de cada criptomoneda y sus mecanismos de seguridad. La diversificación a través de diferentes blockchains puede reducir el riesgo de problemas técnicos en una sola plataforma. El continuo desarrollo de la tecnología también requiere una observación constante y ajustes en la estrategia de inversión. La dependencia de infraestructura externa, como conexiones a Internet o suministro eléctrico, también juega un papel y puede causar interrupciones en el comercio y la gestión de criptomonedas en caso de fallos. Finalmente, se debe considerar el riesgo de computadoras cuánticas, que en el futuro podrían romper los métodos criptográficos en los que se basan muchas criptomonedas. Aunque esto representa un riesgo a largo plazo, los inversores deben mantener un seguimiento de los desarrollos en este ámbito. Una decisión de inversión informada considera, además de los aspectos técnicos, la evolución del mercado y el marco regulatorio. La evaluación de los riesgos técnicos es, por lo tanto, una parte esencial de un análisis de riesgos integral en el mercado de criptomonedas y contribuye a tomar decisiones de inversión

fundamentadas. Además de los riesgos técnicos mencionados, también pueden surgir riesgos operativos, como errores humanos en la gestión de claves privadas o por medidas de seguridad insuficientes en las plataformas de comercio [s37]. Por lo tanto, elegir una billetera segura y un intercambio confiable es crucial para proteger las inversiones.

Monedero [i23]

Bueno saber

Billetera

Una billetera es un software o hardware que se utiliza para almacenar, enviar y recibir criptomonedas.

Claves Privadas

Una clave privada es una clave criptográfica secreta que se utiliza para autorizar transacciones de criptomonedas y demostrar la propiedad de criptomonedas. La pérdida de la clave privada resulta en la pérdida de acceso a las criptomonedas asociadas.

Computadoras Cuánticas

Las computadoras cuánticas son computadoras que utilizan los principios de la mecánica cuántica para realizar cálculos. Tienen el potencial de romper ciertos algoritmos criptográficos que actualmente se utilizan en criptomonedas.

Riesgos técnicos en el comercio y la minería de criptomonedas

Distribución de los riesgos técnicos asociados con el comercio y la minería de criptomonedas.

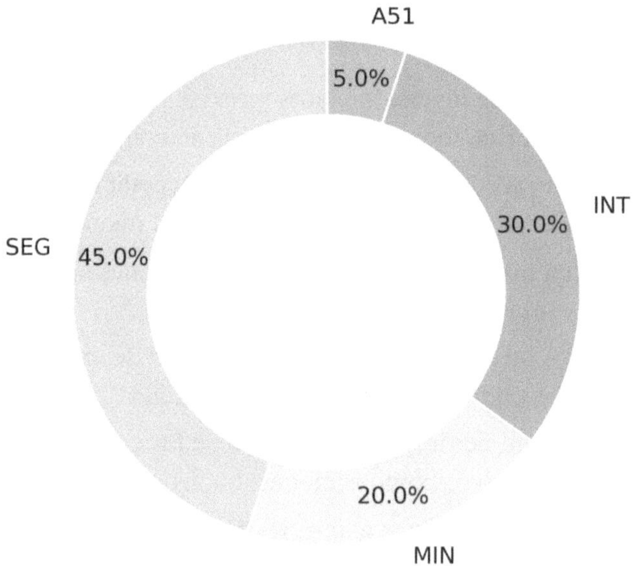

A51: Ataques del 51%

INT: Riesgos de la plataforma de intercambio (p. ej., tiempo de inactividad, insolvencia)

MIN: Riesgos de minería (p. ej., falla de hardware, costos de energía)

SEG: Vulnerabilidades de seguridad (p. ej., piratería, estafas)

La mayor parte del riesgo se atribuye a las vulnerabilidades de seguridad, lo que destaca la importancia de unas prácticas de seguridad sólidas. Los riesgos de la plataforma de intercambio también son significativos, lo que enfatiza la necesidad de una selección cuidadosa de las plataformas de negociación. Si bien los riesgos específicos de la minería son menores, aún representan una parte notable, lo que indica la importancia de comprender y mitigar factores como las fallas de hardware y los costos de energía. El riesgo relativamente menor de ataques del 51% sugiere que, si bien es una preocupación, es menos frecuente en comparación con otros riesgos técnicos.

Consejos concretos

- Evalúe su perfil de riesgo personal en el contexto de su situación patrimonial total antes de invertir en criptomonedas.
- Cree una tabla con diferentes escenarios para el mercado de criptomonedas (positivo, neutral, negativo) y sus impactos en su cartera.
- Defina objetivos de inversión claros y revise regularmente si sus inversiones en criptomonedas aún se alinean con estos objetivos.
- Determine una pérdida máxima que puede aceptar en el mercado de criptomonedas sin comprometer su estabilidad financiera.
- Establezca un marco temporal para sus inversiones en criptomonedas y revise su estrategia al finalizar este período.
- Investigue los desarrollos históricos de precios de diversas criptomonedas para evaluar mejor su volatilidad.
- Compare el perfil de riesgo-rendimiento de las criptomonedas con otras clases de activos como acciones, bonos o bienes raíces.
- Considere también factores externos como la inestabilidad política o cambios regulatorios en su evaluación de riesgos.
- Discuta sus inversiones en criptomonedas con un asesor financiero independiente para obtener una evaluación objetiva de su estrategia.
- Evalúe el impacto de la inflación y las tasas de interés en el valor real de sus inversiones en criptomonedas.
- Siga la evolución del mercado en general y ajuste su estrategia de riesgo según sea necesario.

5. 2 Administración de Patrimonio

La gestión efectiva de activos es esencial para el éxito a largo plazo con criptomonedas. Desde la documentación exhaustiva de cada transacción hasta el almacenamiento seguro de sus claves privadas, esta sección aborda los desafíos centrales y los aspectos prácticos que garantizan la preservación del valor de su cartera. Tanto los aspectos fiscales como la planificación de emergencias juegan un papel decisivo. La estrategia adecuada protege su patrimonio de pérdidas y simplifica la gestión en caso de herencia. No ignore estos aspectos, ya que forman la base de su éxito sostenible en el dinámico mercado de criptomonedas. Prepárese de manera óptima y asegure sus inversiones.

La documentación cuidadosa y la planificación de emergencias son esenciales para la gestión segura y exitosa de las criptomonedas.

Documentación

Una documentación completa forma la columna vertebral de la gestión de sus criptomonedas. No solo sirve para la declaración de impuestos, sino también para la protección de su patrimonio y la trazabilidad de sus decisiones de inversión. La documentación debe registrar todas las transacciones, desde compras y ventas hasta swaps y staking, así como airdrops y eventos de forks, de manera continua. Anote la fecha, la hora, las criptomonedas involucradas, la cantidad, las tarifas de transacción y las direcciones de wallet correspondientes. Plataformas como block explorers pueden ayudarle a verificar y documentar los detalles de las transacciones. Una simple hoja de Excel o software especializado en impuestos de criptomonedas pueden ser útiles para la organización. Además de las transacciones, también deben archivarse todos los documentos relevantes para la compra, venta o custodia de criptomonedas. Esto incluye recibos de compra de exchanges, capturas de pantalla de transacciones de wallets, acuerdos con corredores o correos electrónicos de plataformas de trading. Almacene estos documentos de forma segura y bien organizada, idealmente en formato digital y también en forma física. El almacenamiento en la nube puede ser práctico, pero debe estar protegido por medidas de seguridad adicionales como la autenticación de dos factores y contraseñas fuertes. Para copias físicas, se recomienda una caja fuerte a prueba de fuego. La elección del método de almacenamiento adecuado para sus criptomonedas también influye en sus obligaciones de documentación. Al utilizar plataformas de trading como custodios, debe descargar y archivar extractos de cuenta regularmente. Si gestiona sus private_keys por su cuenta, por ejemplo, utilizando una hardware wallet, asegúrese de documentar también la seed phrase (frase de recuperación) de su wallet, además de las transacciones. Esta nunca debe ser almacenada digitalmente o ser accesible en línea, sino guardada en un lugar seguro fuera de línea. Una caja fuerte cerrada o una caja de seguridad bancaria son opciones adecuadas. La documentación de sus actividades cripto también sirve para determinar la información relevante para impuestos. Por lo tanto, mantenga también información sobre los intereses recibidos de staking o lending, así como sobre el valor de los airdrops o forks en el momento de su recepción. La tributación de criptomonedas puede ser compleja y variar de un país a otro. En caso de duda, consulte a un asesor fiscal que esté familiarizado con las criptomonedas para asegurarse de que cumple con todos los requisitos fiscales y evitar posibles problemas. Una buena documentación le ayudará a proporcionar la información necesaria para su declaración de impuestos y facilitará la comunicación con su asesor fiscal. Además de los detalles de las transacciones y los documentos asociados, es recomendable desarrollar una estrategia para emergencias. Documente cómo se puede acceder a sus activos cripto en caso de su fallecimiento o incapacidad. Esto podría incluir información sobre la ubicación de sus claves privadas, contraseñas y los datos de contacto de personas de confianza. A través de una planificación cuidadosa, se asegura de que sus seres queridos puedan acceder a sus activos digitales en caso de emergencia. En resumen, una documentación exhaustiva y organizada es un aspecto indispensable de la gestión de patrimonio en el ámbito de las criptomonedas. No solo protege su patrimonio, sino que también facilita la declaración de impuestos y proporciona seguridad en caso de emergencia. Invierta tiempo y esfuerzo en establecer un sistema de documentación robusto: valdrá la pena a largo plazo. Recuerde: cuanto más precisos y completos sean sus registros, mejor preparado estará para cualquier eventualidad.

Bueno saber

Airdrop

La distribución gratuita de criptomonedas a ciertas direcciones de wallet, a menudo como estrategia de marketing para nuevos proyectos o como recompensa por mantener ciertos tokens.

Block-Explorer

Una herramienta en línea que permite ver y verificar transacciones y otros datos en una blockchain. Esto proporciona transparencia y permite el seguimiento de transacciones.

Custodian

Un custodio de criptomonedas en nombre de los clientes. Esto puede ser un exchange o un proveedor especializado que se encarga del almacenamiento seguro de los activos digitales.

Hardware-Wallet

Un dispositivo físico que almacena claves privadas sin conexión, ofreciendo así una mayor protección contra ataques de hackers y robos.

Seed-Phrase

Una lista de palabras que se utiliza para recuperar una wallet de criptomonedas y las claves privadas asociadas. La seed phrase debe ser almacenada de forma segura y fuera de línea.

Staking

Mantener criptomonedas en una wallet específica para validar transacciones en la red y recibir recompensas a cambio. Esto contribuye a la seguridad y funcionalidad de la red.

Tipos de documentación para la gestión de criptoactivos

Distribución de las áreas de enfoque de la documentación para la gestión de criptoactivos.

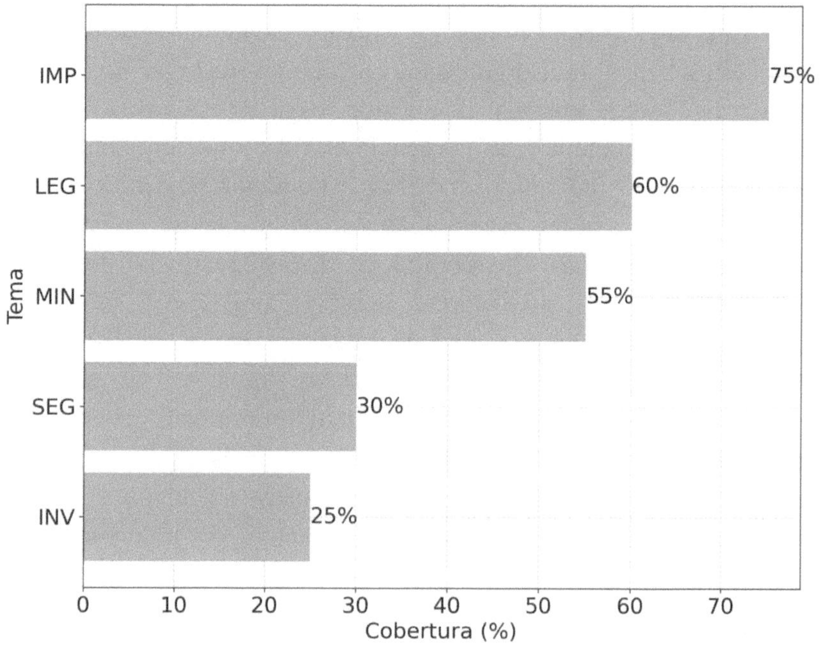

IMP: Impuestos

LEG: Legal

SEG: Seguridad

INV: Inversión y comercio

MIN: Minería

El gráfico destaca un fuerte énfasis en la documentación de Inversión y Comercio, seguido de la Seguridad y la Optimización Fiscal. Los aspectos legales y la Minería muestran un enfoque relativamente menor, lo que sugiere que estas áreas pueden estar menos documentadas o considerarse menos críticas para la comprensión general del usuario dentro de esta guía específica.

Planificación de Emergencias

La planificación de emergencias para activos criptográficos requiere una estrategia bien pensada que vaya más allá de la simple documentación y asegure el acceso a los valores digitales en caso de fallecimiento o incapacidad. Un paso crucial es la creación de un plan detallado que incluya la ubicación de sus private_keys, contraseñas y frases semilla. Almacene esta información no de forma digital, sino offline en un lugar seguro, como en una caja fuerte cerrada o en una caja de seguridad bancaria. Además, debe documentar las credenciales para todas las plataformas y cuentas relevantes, incluidas las bolsas y hardwarewallets. Además de los aspectos técnicos, es esencial identificar y incluir en su plan de emergencia a personas de confianza. Estas personas deben estar informadas sobre sus inversiones en criptomonedas y, en caso de emergencia, tener acceso a la información necesaria. Instrucciones claras sobre cómo manejar los activos digitales, ya sea venta, transferencia o custodia a largo plazo, minimizan el riesgo de malentendidos o pérdidas. Un Testamento o un acuerdo legal similar puede ayudar a establecer sus deseos de manera vinculante y regular el acceso para sus herederos. Esta planificación permite mantener el control sobre sus activos criptográficos incluso en circunstancias adversas y asegurar la disposición deseada. La consideración de la atención pública hacia ciertas criptomonedas también puede integrarse en la planificación de emergencias. Una mayor atención puede llevar a una volatilitaet a corto plazo [s38], pero también ofrece la oportunidad de generar liquiditaet más rápidamente en caso de que sea necesario vender los activos de manera urgente. Sin embargo, tal estrategia requiere una cuidadosa evaluación del riesgo y el beneficio potencial.

Testamento

Un documento legalmente vinculante que establece quién recibirá sus activos tras su fallecimiento. Es importante incluir sus activos criptográficos en su testamento y proporcionar instrucciones claras para el acceso.

Distribución del Plan de Emergencia

Distribución de las medidas de planificación de emergencia para los activos de criptomonedas.

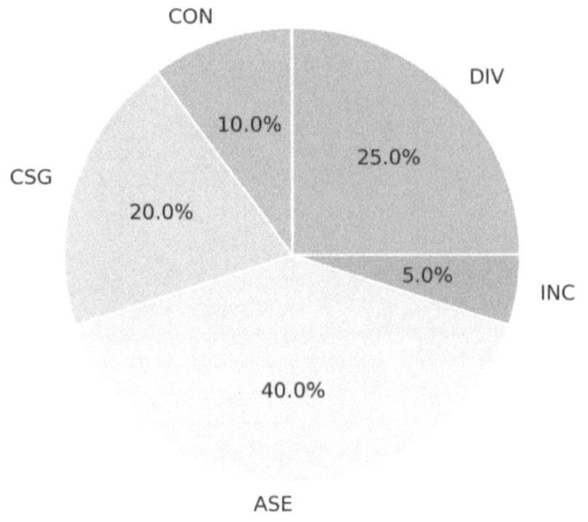

ASE: Seguridad de Acceso a Billeteras y Exchanges (2FA, Multi-firma)

CON: Asesoría Legal y Documentación

CSG: Almacenamiento Offline en Frío (Hardware Wallets)

DIV: Diversificación entre Activos y Plataformas

INC: Plan de Respuesta a Incidentes (Hackeo/Pérdida)

La mayor parte del plan de emergencia se centra en asegurar el acceso a las billeteras y los exchanges, destacando su papel crucial en la protección de activos. La diversificación y el almacenamiento offline representan porciones significativas, enfatizando la importancia de distribuir el riesgo y protegerse contra las vulnerabilidades online. Si bien la asesoría legal y la respuesta a incidentes son porciones más pequeñas, siguen siendo esenciales para navegar por complejos paisajes legales y reaccionar eficazmente a las brechas de seguridad. Esta distribución sugiere un enfoque equilibrado para la planificación de emergencias, priorizando la seguridad del acceso y abordando al mismo tiempo la diversificación, el almacenamiento offline, las consideraciones legales y la respuesta a incidentes.

Planificación Sucesoria

La planificación sucesoria para criptomonedas presenta requisitos especiales debido a su naturaleza digital. Al igual que la documentación de transacciones y la planificación de emergencias, es fundamental garantizar el acceso a los activos digitales en caso de fallecimiento. Un testamento ofrece la posibilidad de establecer la distribución de las criptomonedas y, de este modo, permitir el acceso a los herederos. En el testamento, además del tipo y cantidad de criptomonedas, deben detallarse las correspondientes private_keys, frases semilla y credenciales de acceso a las respectivas plataformas. Esto asegura que los herederos obtengan el control sobre los activos digitales y puedan gestionarlos o enajenarlos. Un método simple pero seguro para transmitir esta información sensible es el uso de un sobre cerrado que se adjunta al testamento. Alternativamente, un notario puede gestionar la información en fideicomiso y transferirla a los beneficiarios en caso de herencia. Este enfoque minimiza el riesgo de pérdida o acceso no autorizado a las criptomonedas. Las condiciones legales para las criptomonedas están en constante evolución, por lo que es recomendable informarse sobre las disposiciones legales actuales en cada país y, si es necesario, buscar asesoría legal [s39]. La complejidad de la tributación de Krypto-Assets requiere un análisis detallado de las regulaciones aplicables para evitar problemas fiscales potenciales para los herederos [s39]. Una planificación sucesoria temprana y completa para criptomonedas protege el patrimonio digital y facilita la gestión para los herederos en caso de fallecimiento.

Krypto-Assets

Activos digitales que se basan en la criptografía. Incluyen criptomonedas, tokens y otros activos digitales.

Métodos de Herencia de Criptomonedas

Popularidad de las diferentes soluciones de herencia de criptomonedas

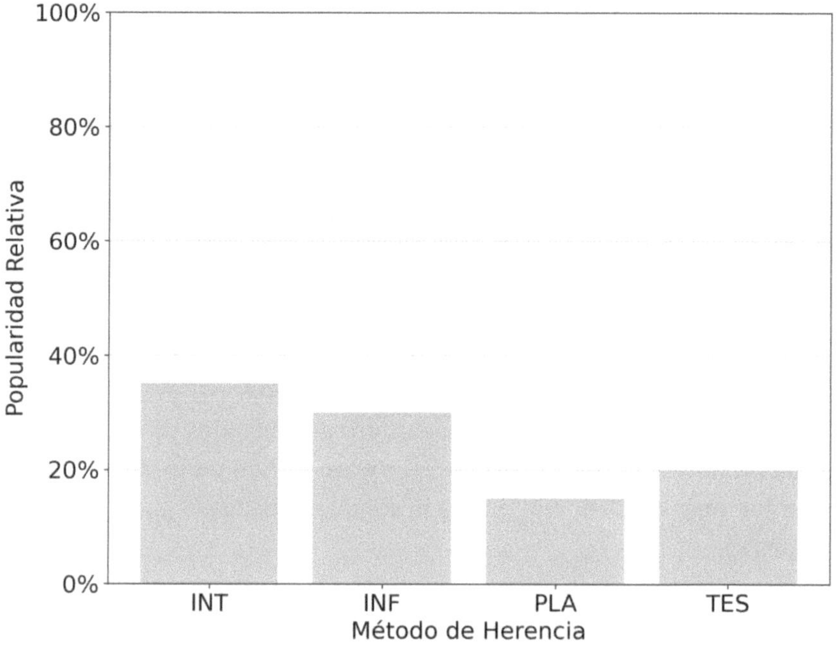

INF: Informal (ej. contraseñas compartidas) INT: Intercambio por Herencia (ej. designación de beneficiario)

PLA: Plataforma de Herencia de Criptomonedas TES: Testamento (especificando los activos de criptomonedas)

Mientras que la herencia basada en exchanges y los métodos informales siguen prevaleciendo, las plataformas dedicadas a la herencia de criptomonedas y los testamentos legales que incorporan las criptomonedas están ganando terreno, lo que indica una creciente concienciación sobre las prácticas de herencia seguras y legalmente sólidas para los activos digitales.

Consejos concretos

- Elabore un plan de gestión patrimonial personal que integre sus activos en criptomonedas en su estrategia general y considere objetivos a largo plazo.
- Desarrolle un sistema de evaluación para proyectos de criptomonedas que vaya más allá de la mera capitalización de mercado y tenga en cuenta factores como la tecnología, el equipo y la comunidad.
- Simule diferentes estrategias de asignación para su cartera de criptomonedas y pruebe su resistencia a los cambios del mercado.
- Investigue las implicaciones fiscales de las herencias y donaciones relacionadas con las criptomonedas y planifique en consecuencia.
- Elabore una estrategia de emergencia para la pérdida de credenciales que vaya más allá de la seguridad de la frase semilla y considere opciones alternativas de recuperación.
- Evalúe los pros y los contras de diferentes métodos de custodia para sus activos en criptomonedas (hardware wallet, multi-sig wallet, soluciones de custodia) y elija la solución adecuada para su perfil de riesgo.
- Documente no solo sus transacciones, sino también su estrategia de inversión y las razones subyacentes, para poder revisar y analizar sus decisiones más tarde.
- Establezca un monitoreo regular para sus activos en criptomonedas que lo mantenga informado sobre desarrollos importantes y riesgos potenciales.
- Defina reglas claras para la compra y venta de criptomonedas, para evitar decisiones impulsivas y aplicar su estrategia de manera disciplinada.

Revisión - 5. Creación de Patrimonio

La creación de patrimonio con criptomonedas requiere una comprensión profunda de las oportunidades y riesgos asociados. La alta volatilidad del mercado de criptomonedas, influenciada por factores macroeconómicos y la dinámica inherente del mercado de divisas digitales, puede llevar a ganancias rápidas, pero también conlleva riesgos de pérdida significativos. Por lo tanto, una gestión estratégica del riesgo es esencial. Considere qué porcentaje de su patrimonio desea invertir en criptomonedas y defina su tolerancia al riesgo personal. Diversifique su cartera a través de diferentes criptomonedas y clases de activos para dispersar el riesgo. Infórmese sobre métodos de evaluación de riesgos, como la teoría de valores extremos, y utilícelos para tomar decisiones de inversión informadas. Observe las correlaciones entre diferentes criptomonedas para evitar riesgos concentrados. No vea la volatilidad solo como un riesgo, sino también como una oportunidad: en fases de alta volatilidad, por ejemplo, pueden surgir interesantes oportunidades de compra.

Además de las fluctuaciones del mercado, los riesgos regulatorios juegan un papel crucial. La legislación en constante cambio y la clasificación diferente de las criptomonedas en varios países pueden dar lugar a desafíos inesperados. Mantenga un ojo en los desarrollos regulatorios en las jurisdicciones relevantes para usted y ajuste su estrategia en consecuencia. Una diversificación internacional puede ayudar a minimizar los riesgos regulatorios en países individuales. Considere el impacto de las regulaciones en los modelos de riesgo y los requisitos de capital, especialmente si planea invertir sumas significativas. No confíe únicamente en modelos cuantitativos, sino que también incluya análisis cualitativos del panorama regulatorio en su toma de decisiones.

Los riesgos técnicos, que van desde errores de software hasta ataques del 51% y la escalabilidad de las cadenas de bloques, también requieren su atención. Investigue los fundamentos técnicos de las criptomonedas en las que desea invertir y evalúe sus mecanismos de seguridad. Elija una billetera segura, idealmente una billetera de hardware, para almacenar sus claves privadas sin conexión y protegerlas de ataques de hackers. Sea consciente de la importancia de su frase semilla y guárdela de manera absolutamente segura y fuera de línea. La documentación de todas las transacciones y documentos relevantes no solo es importante para fines fiscales, sino también para proteger su patrimonio y la trazabilidad de sus decisiones de inversión. Elabore un plan de emergencia que regule el acceso a sus activos criptográficos en caso de fallecimiento o incapacidad. Informe a personas de confianza sobre su plan y asegúrese de que tengan acceso a la información necesaria en caso de emergencia.

La creación de patrimonio con criptomonedas ofrece oportunidades emocionantes, pero también requiere responsabilidad personal y aprendizaje continuo. Sea consciente de los riesgos, continúe formándose y ajuste su estrategia a las condiciones cambiantes del mercado. Con una estrategia bien pensada, una sólida gestión del riesgo y una cuidadosa documentación, puede aprovechar las oportunidades del mercado de criptomonedas y alcanzar sus objetivos financieros. El camino hacia la creación exitosa de patrimonio con criptomonedas puede ser desafiante, pero con el conocimiento y la preparación adecuados, puede aumentar significativamente sus posibilidades de éxito.

Ofertas adicionales gratuitas planificadas

Nos complace poder ofrecerle en el futuro materiales complementarios gratuitos para este libro:

- Un capítulo bonus exclusivo con contenido adicional
- Un resumen compacto de todo el libro en formato PDF
- Una versión de radioteatro (En Planificación)

Se prevé que estos materiales se publiquen en 2025.
Le invitamos a visitar nuestro sitio web hoy mismo. Cuando se lance nuestro servicio de boletín (previsto para 2025), podrá registrarse para recibir actualizaciones y no perderse ninguna novedad sobre las ofertas adicionales gratuitas.

www.SaageBooks.com/es/criptomonedas-bonus-BA4RRX2

Estimados lectores,

Nos sentimos profundamente honrados de que hayan dedicado tiempo a leer nuestro libro de principio a fin. Nuestro mayor deseo es proporcionarles ideas valiosas y orientación práctica. Su confianza en nuestro trabajo significa mucho para nosotros. Esperamos que la lectura haya sido enriquecedora para ustedes. Si tienen alguna pregunta o sugerencia, no duden en contactarnos a través de nuestro sitio web.

Si han disfrutado de este libro, agradeceríamos enormemente una reseña honesta. Pueden dejar fácilmente su valoración honesta en la plataforma de venta donde compraron el libro.
¡Gracias por su apoyo!

Bendis Saage

Saage Media GmbH - Equipo

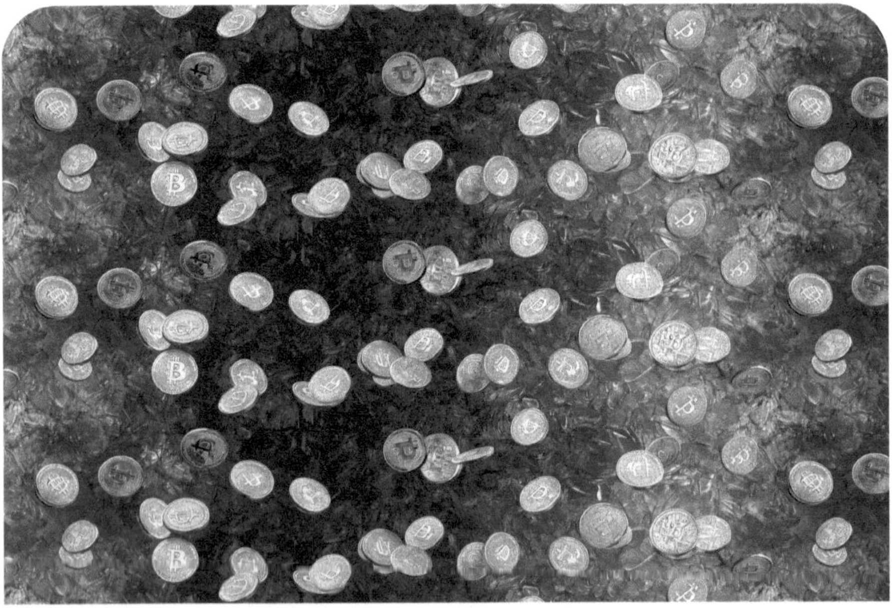

www.SaageBooks.com/es

¡Descubre más! Nuestro sitio web editorial te ofrece una variada selección de libros adicionales. Además de contenido gratuito y materiales exclusivos de bonificación, encontrarás información detallada sobre nuestras obras. Explora nuestra extensa oferta digital y déjate inspirar por experiencias adicionales de lectura.

www.SaageBooks.com/es

Fuentes

Nuestro sincero agradecimiento a todos los autores de las fuentes científicas y no científicas citadas, a los operadores de los sitios web referenciados y a los creadores de las imágenes, gráficos y estudios utilizados, cuyo valioso trabajo ha contribuido a la creación de este libro.

Para más información, le recomendamos visitar los sitios web de las fuentes.

Si descubre errores de asignación u otras inconsistencias, por favor contáctenos.

Todas las fuentes fueron consultadas por última vez el: 2025-02-19

[s1] - https://www.mdpi.com/1911-8074/18/2/66

Autor:	Murray A. Rudd, Dennis Porter	**Título:**	A Supply and Demand Framework for Bitcoin Price Forecasting
por:	Multidisciplinary Digital Publishing Institute	**DOI:**	10.3390/jrfm18020066
Fecha:	2025-01-30	**Sitio web:**	MDPI
Editorial:	Multidisciplinary Digital Publishing Institute		

[s2] - https://pmc.ncbi.nlm.nih.gov/articles/PMC8174543/

Autor:	Parthajit Kayal, Purnima Rohilla	**Título:**	Bitcoin in the economics and finance literature: a survey
por:	Madras School of Economics (MSE)	**DOI:**	10.1007/s43546-021-00090-5
Fecha:	2021 Jun 3	**Sitio web:**	PubMed Central (PMC)
Editorial:	Sn Business & Economics		

[s3] - https://dx.doi.org/https://doi.org/10.1186/s40854-023-00465-7

Autor:	Jiri Kukacka, Ladislav Kristoufek	**Título:**	Fundamental and speculative components of the cryptocurrency pricing dynamics
DOI:	10.1186/s40854-023-00465-7	**Fecha:**	2023-03-05
Editorial:	SpringerOpen		

[s4] - https://dx.doi.org/10.17016/2380-7172.3447

Autor:	Cy Watsky, Jeffrey Allen, Hamzah Daud, Jochen Demuth, Daniel Little, Megan Rodden, and Amber Seira	**Título:**	Primary and Secondary Markets for Stablecoins
por:	Board of Governors of the Federal Reserve System	**DOI:**	10.17016/2380-7172.3447
Fecha:	2024-02-23	**Sitio web:**	Federal Reserve Board
Editorial:	Board of Governors of the Federal Reserve System		

[s5] - https://pmc.ncbi.nlm.nih.gov/articles/PMC7271856/

Autor:	Thomas Conlon, Shaen Corbet, Richard J McGee	**Título:**	Are cryptocurrencies a safe haven for equity markets? An international perspective from the COVID-19 pandemic
por:	Smurfit Graduate School of Business, University College Dublin, Ireland; DCU Business School, Dublin City University, Dublin 9, Ireland; School of Accounting, Finance and Economics, University of Waikato, New Zealand	**DOI:**	10.1016/j.ribaf.2020.101248
Fecha:	2020 Jun 4	**Sitio web:**	PubMed Central (PMC)

[s6] - https://pmc.ncbi.nlm.nih.gov/articles/PMC7365063/

Autor:	Natthinee Thampanya, Muhammad Ali Nasir, Toan Luu Duc Huynh	**Título:**	Asymmetric correlation and hedging effectiveness of gold & cryptocurrencies: From pre-industrial to the 4th industrial revolution
DOI:	10.1016/j.techfore.2020.120195	**Fecha:**	2020 Jul 16
Sitio web:	PubMed Central (PMC)	**Editorial:**	Technological Forecasting and Social Change

[s7] - https://pmc.ncbi.nlm.nih.gov/articles/PMC10840122/

Autor:	Xu Wang, Jinling Liu, Qichang Xie	**Título:**	Quantile frequency connectedness between energy tokens, crypto market, and renewable energy stock markets
DOI:	10.1016/j.heliyon.2024.e25068	**Fecha:**	2024 Jan 24
Sitio web:	PubMed Central (PMC)	**Editorial:**	Heliyon

[s8] - https://pmc.ncbi.nlm.nih.gov/articles/PMC9589625/

Autor:	Juliet Elu, Miesha Williams	**Título:**	COVID-19 Cryptocurrency Investment: Wealth Disparities and Portfolio Diversification
DOI:	10.1007/s41996-022-00108-6	**Fecha:**	2022 Oct 21
Sitio web:	PubMed Central (PMC)	**Editorial:**	Journal of Economics, Race, and Policy

[s9] - https://www.mdpi.com/1911-8074/16/1/3

Autor:	José Almeida, Tiago Cruz Gonçalves	**Título:**	Portfolio Diversification, Hedge and Safe-Haven Properties in Cryptocurrency Investments and Financial Economics: A Systematic Literature Review
por:	Multidisciplinary Digital Publishing Institute	**DOI:**	10.3390/jrfm16010003
Fecha:	2022-12-21	**Sitio web:**	MDPI
Editorial:	Multidisciplinary Digital Publishing Institute		

[s10] - https://www.mdpi.com/2075-1680/12/2/209

Autor:	Yeh-Cheng Yang, Wen-Sheng Shieh, Chun-Yueh Lin	**Título:**	Applying the Fuzzy BWM to Determine the Cryptocurrency Trading System under Uncertain Decision Process
por:	Multidisciplinary Digital Publishing Institute	**DOI:**	10.3390/axioms12020209
Fecha:	2023-02-16	**Sitio web:**	MDPI
Editorial:	Multidisciplinary Digital Publishing Institute		

[s11] - https://www.mdpi.com/1911-8074/17/9/406

Autor:	Namryoung Lee	**Título:**	Joint Impact of Market Volatility and Cryptocurrency Holdings on Corporate Liquidity: A Comparative Analysis of Cryptocurrency Exchanges and Other Firms
por:	Multidisciplinary Digital Publishing Institute	**DOI:**	10.3390/jrfm17090406
Fecha:	2024-09-09	**Sitio web:**	MDPI
Editorial:	Multidisciplinary Digital Publishing Institute		

[s12] - https://dx.doi.org/10.2139/ssrn.3831439

Autor:	Kristin N. Johnson	**Título:**	Decentralized Finance: Regulating Cryptocurrency Exchanges
por:	SSRN	**DOI:**	10.2139/ssrn.3831439
Fecha:	2021/04/22	**Sitio web:**	SSRN
Editorial:	Elsevier		

[s13] - https://www.mdpi.com/2227-9091/12/4/67

Autor:	Laeeq Razzak Janjua, Iza Gigauri, Agnieszka Wójcik-Czerniawska, Elżbieta Pohulak-Żołędowska	**Título:**	Risk Management in the Area of Bitcoin Market Development: Example from the USA
por:	Multidisciplinary Digital Publishing Institute	**DOI:**	10.3390/risks12040067
Fecha:	2024-04-15	**Sitio web:**	MDPI
Editorial:	Multidisciplinary Digital Publishing Institute		

[s14] - https://www.mdpi.com/2227-9091/12/10/163

Autor:	Hossein Ghanbari, Emran Mohammadi, Amir Mohammad Larni Fooeik, Ronald Ravinesh Kumar, Peter Josef Stauvermann, Mostafa Shabani	**Título:**	Cryptocurrency Portfolio Allocation under Credibilistic CVaR Criterion and Practical Constraints
por:	Multidisciplinary Digital Publishing Institute	**DOI:**	10.3390/risks12100163
Fecha:	2024-10-11	**Sitio web:**	mdpi.com
Editorial:	Multidisciplinary Digital Publishing Institute		

[s15] - https://www.mdpi.com/2227-9091/12/4/67

Autor:	Laeeq Razzak Janjua, Iza Gigauri, Agnieszka Wójcik-Czerniawska, Elżbieta Pohulak-Żołędowska	**Título:**	Risk Management in the Area of Bitcoin Market Development: Example from the USA
por:	Multidisciplinary Digital Publishing Institute	**DOI:**	10.3390/risks12040067
Fecha:	2024-04-15	**Sitio web:**	MDPI
Editorial:	Multidisciplinary Digital Publishing Institute		

[s16] - https://www.mdpi.com/2075-5309/12/3/357

Autor:	Asli Pelin Gurgun, Mehmet Ilker Genc, Kerim Koc, David Arditi	**Título:**	Exploring the Barriers against Using Cryptocurrencies in Managing Construction Supply Chain Processes
por:	Multidisciplinary Digital Publishing Institute	**DOI:**	10.3390/buildings12030357
Fecha:	2022-03-15	**Sitio web:**	mdpi.com
Editorial:	Multidisciplinary Digital Publishing Institute		

[s17] - https://www.mdpi.com/1911-8074/17/11/488

Autor:	Junnan Cui, Li Gao, Yufei Wang	**Título:**	The Impact of Cryptocurrency Exposure on Corporate Tax Avoidance Among US Listed Companies
por:	Multidisciplinary Digital Publishing Institute	**DOI:**	10.3390/jrfm17110488
Fecha:	2024-10-30	**Editorial:**	Multidisciplinary Digital Publishing Institute

[s18] - https://www.mdpi.com/2076-3417/11/4/1617

Autor:	Kentaro Fujita, Yuanyu Zhang, Masahiro Sasabe, Shoji Kasahara	**Título:**	Mining Pool Selection under Block WithHolding Attack
por:	Multidisciplinary Digital Publishing Institute	**DOI:**	10.3390/app11041617
Fecha:	2021-02-10	**Sitio web:**	MDPI
Editorial:	Multidisciplinary Digital Publishing Institute		

[s19] - https://dx.doi.org/10.2139/ssrn.3887256

Autor:	Bikramaditya Datta, Idan Hodor	**Título:**	Cryptocurrency, Mining Pools' Concentration, and Asset Prices
por:	SSRN	**DOI:**	10.2139/ssrn.3887256
Fecha:	2021/08/09	**Sitio web:**	SSRN
Editorial:	Elsevier		

[s20] - https://www.mdpi.com/2071-1050/14/14/8708

Autor:	Mohammed Shuaib, Sumit Badotra, Muhammad Irfan Khalid, Abeer D. Algarni, Syed Sajid Ullah, Sami Bourouis, Jawaid Iqbal, Salil Bharany, Lokesh Gundaboina	**Título:**	A Novel Optimization for GPU Mining Using Overclocking and Undervolting
por:	Multidisciplinary Digital Publishing Institute	**DOI:**	10.3390/su14148708
Fecha:	2022-07-16	**Sitio web:**	mdpi.com
Editorial:	Multidisciplinary Digital Publishing Institute		

[s21] - https://journals.plos.org/plosone/article?id=10.1371/journal.pone.0164603

Autor:	Luisanna Cocco, Michele Marchesi	**Título:**	Modeling and Simulation of the Economics of Mining in the Bitcoin Market
por:	University of Cagliari	**DOI:**	10.1371/journal.pone.0164603
Fecha:	Oct 21, 2016	**Sitio web:**	PLOS ONE
Editorial:	Public Library of Science		

[s22] - https://www.mdpi.com/1996-1073/16/3/1331

Autor:	Nima Asgari, Matthew T. McDonald, Joshua M. Pearce	**Título:**	Energy Modeling and Techno-Economic Feasibility Analysis of Greenhouses for Tomato Cultivation Utilizing the Waste Heat of Cryptocurrency Miners
por:	Multidisciplinary Digital Publishing Institute	**DOI:**	10.3390/en16031331
Fecha:	2023-01-27	**Sitio web:**	MDPI
Editorial:	Multidisciplinary Digital Publishing Institute		

[s23] - https://www.mdpi.com/1999-5903/9/3/25

Autor:	Luisanna Cocco, Andrea Pinna, Michele Marchesi	**Título:**	Banking on Blockchain: Costs Savings Thanks to the Blockchain Technology
por:	Multidisciplinary Digital Publishing Institute	**DOI:**	10.3390/fi9030025
Fecha:	2017-06-27	**Editorial:**	Multidisciplinary Digital Publishing Institute

[s24] - https://www.mdpi.com/2075-471X/8/3/16

Autor:	Sergio Luis Náñez Alonso	**Título:**	Activities and Operations with Cryptocurrencies and Their Taxation Implications: The Spanish Case
por:	Multidisciplinary Digital Publishing Institute	**DOI:**	10.3390/laws8030016
Fecha:	2019-08-05	**Sitio web:**	MDPI
Editorial:	Multidisciplinary Digital Publishing Institute		

[s25] - https://www.mdpi.com/1996-1073/16/3/1331

Autor: Nima Asgari, Matthew T. McDonald, Joshua M. Pearce
Título: Energy Modeling and Techno-Economic Feasibility Analysis of Greenhouses for Tomato Cultivation Utilizing the Waste Heat of Cryptocurrency Miners
por: Multidisciplinary Digital Publishing Institute
DOI: 10.3390/en16031331
Fecha: 2023-01-27
Editorial: Multidisciplinary Digital Publishing Institute

[s26] - https://www.mdpi.com/2073-431X/12/12/257

Autor: Felix Kahmann, Fabian Honecker, Julian Dreyer, Marten Fischer, Ralf Tö njes
Título: Performance Comparison of Directed Acyclic Graph-Based Distributed Ledgers and Blockchain Platforms
por: Multidisciplinary Digital Publishing Institute
DOI: 10.3390/computers12120257
Fecha: 2023-12-09
Editorial: Multidisciplinary Digital Publishing Institute

[s27] - https://pmc.ncbi.nlm.nih.gov/articles/PMC7402366/

Autor: Ulrich Gallersdörfer, Lena Klaaßen, Christian Stoll
Título: Energy Consumption of Cryptocurrencies Beyond Bitcoin
DOI: 10.1016/j.joule.2020.07.013
Fecha: 2020 Aug 4
Sitio web: PubMed Central (PMC)
Editorial: Elsevier

[s28] - https://pmc.ncbi.nlm.nih.gov/articles/PMC10833103/

Autor: Yin Maythu, Andrei OJ Kwok, Pei-Lee Teh
Título: Blockchain technology diffusion in tourism: Evidence from early enterprise adopters and innovators
DOI: 10.1016/j.heliyon.2024.e24675
Fecha: 2024 Jan 14
Sitio web: PubMed Central (PMC)
Editorial: Heliyon

[s29] - https://www.mdpi.com/2071-1050/15/24/16887

Autor: Sundarasen Sheela, Ahnaf Ali Alsmady, K. Tanaraj, Ibrahim Izani
Título: Navigating the Future: Blockchain's Impact on Accounting and Auditing Practices
por: Multidisciplinary Digital Publishing Institute
DOI: 10.3390/su152416887
Fecha: 2023-12-15
Editorial: Multidisciplinary Digital Publishing Institute

[s30] - https://dx.doi.org/10.1515/ijdlg-2024-0007

Autor: Jiye Hu
Título: The Regulation of Cryptocurrency in China
por: De Gruyter
DOI: 10.1515/ijdlg-2024-0007
Fecha: 2024-04-01
Sitio web: De Gruyter
Editorial: De Gruyter

[s31] - https://www.mdpi.com/2227-9091/12/4/67

Autor:	Laeeq Razzak Janjua, Iza Gigauri, Agnieszka Wójcik-Czerniawska, Elżbieta Pohulak-Żołędowska	**Título:**	Risk Management in the Area of Bitcoin Market Development: Example from the USA
por:	Multidisciplinary Digital Publishing Institute	**DOI:**	10.3390/risks12040067
Fecha:	2024-04-15	**Sitio web:**	MDPI
Editorial:	Multidisciplinary Digital Publishing Institute		

[s32] - https://www.mdpi.com/1911-8074/15/8/346

Autor:	Pascal Bruhn, Dietmar Ernst	**Título:**	Assessing the Risk Characteristics of the Cryptocurrency Market: A GARCH-EVT-Copula Approach
por:	Multidisciplinary Digital Publishing Institute	**DOI:**	10.3390/jrfm15080346
Fecha:	2022-08-05	**Editorial:**	Multidisciplinary Digital Publishing Institute

[s33] - https://www.mdpi.com/1911-8074/17/9/406

Autor:	Namryoung Lee	**Título:**	Joint Impact of Market Volatility and Cryptocurrency Holdings on Corporate Liquidity: A Comparative Analysis of Cryptocurrency Exchanges and Other Firms
por:	Multidisciplinary Digital Publishing Institute	**DOI:**	10.3390/jrfm17090406
Fecha:	2024-09-09	**Sitio web:**	MDPI
Editorial:	Multidisciplinary Digital Publishing Institute		

[s34] - https://www.mdpi.com/2227-9091/9/11/207

Autor:	Yianni Doumenis, Javad Izadi, Pradeep Dhamdhere, Epameinondas Katsikas, Dimitrios Koufopoulos	**Título:**	A Critical Analysis of Volatility Surprise in Bitcoin Cryptocurrency and Other Financial Assets
por:	Multidisciplinary Digital Publishing Institute	**DOI:**	10.3390/risks9110207
Fecha:	2021-11-12	**Sitio web:**	mdpi.com
Editorial:	Multidisciplinary Digital Publishing Institute		

[s35] - https://www.mdpi.com/2227-9091/11/7/122

Autor:	Farhat Iqbal, Mamoona Zahid, Dimitrios Koutmos	**Título:**	Cryptocurrency Trading and Downside Risk
por:	Multidisciplinary Digital Publishing Institute	**DOI:**	10.3390/risks11070122
Fecha:	2023-07-06	**Sitio web:**	MDPI
Editorial:	Multidisciplinary Digital Publishing Institute		

[s36] - https://www.mdpi.com/1911-8074/15/11/532

Autor:	Dora Almeida, Andreia Dionísio, Isabel Vieira, Paulo Ferreira	**Título:**	Uncertainty and Risk in the Cryptocurrency Market
por:	Multidisciplinary Digital Publishing Institute	**DOI:**	10.3390/jrfm15110532
Fecha:	2022-11-14	**Sitio web:**	MDPI
Editorial:	Multidisciplinary Digital Publishing Institute		

[s37] - https://www.mdpi.com/1911-8074/15/8/346

Autor:	Pascal Bruhn, Dietmar Ernst	**Título:**	Assessing the Risk Characteristics of the Cryptocurrency Market: A GARCH-EVT-Copula Approach
por:	Multidisciplinary Digital Publishing Institute	**DOI:**	10.3390/jrfm15080346
Fecha:	2022-08-05	**Sitio web:**	MDPI
Editorial:	Multidisciplinary Digital Publishing Institute		

[s38] - https://pmc.ncbi.nlm.nih.gov/articles/PMC10130660/

Autor:	Jieru Wan, You Wu, Panpan Zhu	**Título:**	The COVID-19 pandemic and Bitcoin: Perspective from investor attention
por:	Nottingham University Business School, University of Nottingham; School of Economics, Beijing Technology and Business University	**DOI:**	10.3389/fpubh.2023.1147838
Fecha:	2023 Apr 12	**Sitio web:**	PubMed Central (PMC)
Editorial:	Frontiers in Public Health		

[s39] - https://www.mdpi.com/1911-8074/17/11/488

Autor:	Junnan Cui, Li Gao, Yufei Wang	**Título:**	The Impact of Cryptocurrency Exposure on Corporate Tax Avoidance Among US Listed Companies
por:	Multidisciplinary Digital Publishing Institute	**DOI:**	10.3390/jrfm17110488
Fecha:	2024-10-30	**Sitio web:**	MDPI
Editorial:	Multidisciplinary Digital Publishing Institute		

Fuentes de imágenes

Las imágenes no listadas son de creación propia o fueron adquiridas con la licencia correspondiente. Todos los derechos están reservados para estas imágenes.

Para todas las demás imágenes listadas aquí:
Ninguna de las imágenes fue modificada, solo se ajustó la resolución. En la versión eBook, las imágenes se compilaron en collages numerados. Todas las imágenes permanecen sujetas a su licencia original y se utilizan de acuerdo con sus respectivos términos de licencia. Si descubre errores de atribución u otras discrepancias, contáctenos.

Fecha de la revisión final de la imagen: 2025-02-19.

Licencia utilizada

CC0 http://creativecommons.org/publicdomain/zero/1.0/deed.en

Créditos de imágenes

[i1] - 001_001_001_image_mining.jpeg
https://upload.wikimedia.org/wikipedia/commons/b/b8/Cryptocurrency_logos.jpg

Date:	2016-02-17	**por:**	Rmccar99
Artista:	voytek pavlik	**License:**	Public domain

[i2] - 001_001_001_image_peertopeertransaktionen.jpeg
https://upload.wikimedia.org/wikipedia/commons/f/fa/Unstructured_peer-to-peer_network_diagram.png

Date:	2013-07-26	**por:**	Kekavigi
Artista:	Mesoderm	**License:**	CC0

[i3] - 001_001_003_image_zweifaktorauthentifizierung.jpeg
https://upload.wikimedia.org/wikipedia/commons/6/6e/Logging_in_with_2FA_on_Wikipedia.png

Date:	2019-06-08	**por:**	Newslinger
License:	CC0		

[i4] - 001_001_003_image_hardwarewallets.jpeg
https://upload.wikimedia.org/wikipedia/commons/b/b3/Trezor_Model_T.jpg

Date:	2023-03-01	**por:**	FlippyFlink
License:	CC0		

[i5] - 001_003_002_image_hardwaretoken.jpeg
https://upload.wikimedia.org/wikipedia/commons/9/97/Yubikey_with_RFID_in_black.jpg

Date:	2011-12-13	**por:**	Dennis~commonswiki
Artista:	Dennis	**License:**	CC0

[i6] - 001_003_003_image_bankschliessfach.jpeg
https://upload.wikimedia.org/wikipedia/commons/e/e0/Safeaccounts.jpg

Date:	2005-10-05	**por:**	Kooma
Artista:	Although	**License:**	Public domain

[i7] - 002_001_001_image_quantil.jpeg
https://upload.wikimedia.org/wikipedia/commons/8/8d/Polygone_quartile.png

Date:	4 July 2004	**por:**	File Upload Bot (Magnus Manske)
Artista:	HB	**License:**	Public domain

[i8] - 002_001_003_image_anleihe.jpeg
https://upload.wikimedia.org/wikipedia/commons/1/19/Concord%2C_Maynard_and_Hudson_Street_Railway_Company_bond_certificate.jpg

Date:	1902	**por:**	Pi.1415926535
Artista:	Concord, Maynard and Hudson Street Railway	**License:**	Public domain

[i9] - 002_001_003_image_gold.jpeg
https://upload.wikimedia.org/wikipedia/commons/5/5b/GoldNuggetUSGOV.jpg

Date:	2005-01-07	**por:**	Jurema Oliveira
Artista:	Unknown authorUnknown author	**License:**	Public domain

[i10] - 002_001_003_image_rohoel.jpeg
https://upload.wikimedia.org/wikipedia/commons/c/c2/Petroleum_sample.jpg

Date:	2020-10-12	**por:**	Nefronus
License:	CC0		

[i11] - 002_001_003_image_aktie.jpeg
https://upload.wikimedia.org/wikipedia/commons/4/4c/Seattle_Theatre_Company_stock_certificate%2C_1893_%28MOHAI_11491%29.jpg

Date:	1893	**por:**	BMacZeroBot
Artista:	Seattle Theatre Company	**License:**	Public domain

[i12] - 003_001_003_image_rechenleistung.jpeg
https://upload.wikimedia.org/wikipedia/commons/c/c7/The_catalyst_high_performance_computing_%28HPC%29.jpg

Date:	2013-11-01	**por:**	Markmhawk
Artista:	ENERGY.GOV	**License:**	Public domain

[i13] - 003_002_001_image_application_specific_integrated_circuit.jpeg
https://upload.wikimedia.org/wikipedia/commons/5/5f/BSX2022_20220905_151638%2C_Antennas_and_ASIC_hardware.jpg

Date:	2022-09-05	**por:**	Ohsin
Artista:	Gareeb Scientist	**License:**	CC0

[i14] - 003_002_001_image_grafikkarte.jpeg
https://upload.wikimedia.org/wikipedia/commons/f/f3/Sapphire-Radeon-HD-5570-Video-Card.jpg

Date:	2015-04-19	**por:**	Evan-Amos
License:	Public domain		

[i15] - 003_002_002_image_rechenkern.jpeg
https://upload.wikimedia.org/wikipedia/commons/6/61/NVIDIA_G80_GPU_Core.jpg

Date:	2011-07-23	**por:**	Hyins
License:	Public domain		

[i16] - 003_002_002_image_speicherbandbreite.jpeg
https://upload.wikimedia.org/wikipedia/commons/e/ed/Sierra_Supercomputer_%2848002385338%29.jpg

Date:	2018-07-11	**por:**	MarginalCost
Artista:	U.S. Department of Energy	**License:**	Public domain

[i17] - 003_003_001_image_gewaechshaus.jpeg
https://upload.wikimedia.org/wikipedia/commons/b/b1/Small_greenhouse_with_grapevines_escaping.jpg

Date:	2017-08-22	**por:**	W.carter
License:	CC0		

[i18] - 003_003_002_image_firmware.jpeg
https://upload.wikimedia.org/wikipedia/commons/0/01/Firmware_upgrade.jpg

Date:	14 January 2006	**por:**	Wladston
License:	Public domain		

[i19] - 003_003_002_image_kuehlsystem.jpeg
https://upload.wikimedia.org/wikipedia/commons/c/c2/1U_rack_mount_server_cooling_system_fan_heat-sink.jpg

Date:	2011-09-13	**por:**	GMLSX
Artista:	Tobias Maier	**License:**	CC0

[i20] - 003_003_002_image_netzwerkgeraet.jpeg
https://upload.wikimedia.org/wikipedia/commons/3/38/Raspberry_Pi_4_on_a_network_switch.jpg

Date:	2025-02-04	**por:**	Rail01
Artista:	rail fox	**License:**	CC0

[i21] - 004_001_002_image_asic.jpeg
https://upload.wikimedia.org/wikipedia/commons/e/ee/Avalon-An_ASIC_base_bitcoin_machine.jpg

Date:	2013-09-14	**por:**	Xiangfu
Artista:	张楠赓	**License:**	CC0

[i22] - 004_003_003_image_geldwaesche.jpeg
https://upload.wikimedia.org/wikipedia/commons/7/77/Secret_Service_Asset_Forfeiture_and_Money_Laundering_Task_Force_%28AFMLTF%29.png

Date:	2017-10-10	**por:**	Wiki image 2000
Artista:	U.S. Secret Service	**License:**	Public domain

[i23] - 005_001_003_image_wallet.jpeg
https://upload.wikimedia.org/wikipedia/commons/1/19/Cryptocurrency.jpg

Date:	2025-01-02	**por:**	Anupam738
License:	CC0		

FSC
www.fsc.org
MIX
Papier | Fördert gute Waldnutzung
FSC® C083411

Kolibri 360 GmbH
Ferdinand-Jühlke-Straße 7
99095 Erfurt, Deutschland
produktsicherheit@kolibri360.de